La Madre de la Dulce Felicidad

Por Swami Amritaswarupananda

Mata Amritanandamayi Center, San Ramon
California, Estados Unidos

La Madre de la Dulce Felicidad

Publicado por:
Mata Amritanandamayi Center
P.O. Box 613
San Ramon, CA 94583
Estados Unidos

——————— *Mother of Sweet Bliss (Spanish)* ———————

© 2000 Mata Amritanandamayi Mission Trust, Amritapuri, Kerala 690546, India

Todos los derechos reservados. No se permite la reproducción total o parcial de este libro, ni su incorporación a un sistema informático, ni su transmisión, reproducción, transcripción o traducción a ninguna lengua, en ningún formato y por ninguna editorial.

Primera edición por MA Center: septiembre de 2016

En España: En España: www.amma-spain.org
 fundación@amma-spain.org

En la India:
 inform@amritapuri.org
 www.amritapuri.org

Índice

Parte 1. Biografía — 5
1. La niña divina — 7
2. La pequeña santa — 17
3. Trabajando de criada — 25
4. Anhelando a Krishna — 33
5. Krishna bhava — 41
6. Los milagros de Sudhamani — 49
7. La hija de la Madre Divina — 55
8. Amigos leales — 65
9. La Madre de la Dulce Felicidad — 75
10. Los alborotadores — 83
11. Abrazando al mundo — 93

Parte 2. Experiencias de los hijos de Amma — 99
1. La corona de Krishna — 100
2. Dattan el leproso — 101
3. La Madre cura a un joven paralítico — 103
4. La operación de Krishnan Unni — 104
5. Un niña vuelve a la vida — 105
6. La fe de un niño — 106
7. El árbol de mango — 107
8. Una flor para Krishna — 108
9. Jason — 109

Parte 3. Enseñanzas de Amma — 111

Primera parte

Biografía

Capítulo 1

La niña divina

En la costa sur de Kerala, en la India, hay un pueblecito llamado Parayakadavu, situado en una estrecha franja de tierra cubierta de cocoteros, entre el Mar Arábigo, por un lado, y los *backwaters* (remansos del mar) por el otro. Los habitantes de este lugar han sido pescadores desde tiempos inmemoriales. Si nos remontamos a la antigüedad, encontraremos muchas historias sobre la santidad y grandeza de Parayakadavu.

Hace mucho tiempo, en este mismo lugar, un muchacho de trece años llamado Sugunanandan Idammanel acababa de llegar a casa de la escuela y se había subido a un anacardo con su primo. Estaban muy ocupados comiendo los deliciosos frutos cuando, de repente, vieron pasar por debajo del árbol a un monje de pelo largo y poblada barba. Llevaba la túnica naranja tradicional de los monjes hinduistas. Nunca antes lo habían visto y se quedaron maravillados, pues su cara resplandecía con una hermosa luz. De repente, el monje rompió a reír alegremente, diciéndose en voz alta:

—Aquí, muchos monjes alcanzarán el *samadhi* (un estado de identidad con Dios). Verán a Dios. ¡Este será un lugar sagrado!

El monje se rió felizmente y siguió su camino. Nunca más lo volvieron a ver.

Sugunanandan y su primo se quedaron perplejos. ¿Qué significaban las palabras del monje al decir que ese lugar, el hogar de la familia de Sugunanandan, se convertiría algún día en un lugar sagrado? Pasaron muchos años hasta que Sugunanandan comprendió su significado.

La familia de Sugunanandan pertenecía a un clan de pescadores. Llevaban generaciones pescando y eran muy religiosos.

La niña divina

Cuando Sugunanandan creció, se convirtió en pescadero. Vendía el pescado que los pescadores traían del mar. Se casó con Damayanti, una joven de un pueblo cercano. Damayanti también provenía de una familia muy religiosa.

Damayanti y Sugunanandan tuvieron ocho hijos, cuatro chicos y cuatro chicas. Cuando Damayanti esperaba su tercer hijo, empezó a tener sueños extraños y maravillosos. En ellos, se le aparecían el Señor Krishna, el Señor Shiva y la Madre Divina. Una noche soñó que un misterioso ser le daba una hermosa estatua del Señor Krishna hecha de oro puro. Sugunanandan también tuvo un sueño en el que veía a la Madre Divina. Sugunanandan y Damayanti se contaron los sueños que habían tenido y se preguntaron qué querrían decir. Pensaron que, tal vez, algo muy especial estaba a punto de suceder en sus vidas. Poco se imaginaban lo que Dios había planeado para ellos.

Una noche, Damayanti tuvo el sueño más maravilloso de todos. Soñó que daba a luz al niño más hermoso del mundo, y que ese niño sagrado era Krishna. Ella sostenía en brazos al Bebé Divino. Sin embargo, todavía faltaba tiempo para que naciera el hijo de Damayanti. Cuando llegó el momento, planeó ir a casa de sus padres para dar a luz allí; pero, al día siguiente, mientras estaba trabajando en la orilla del mar, tuvo el profundo presentimiento de que debía ir a su casa. Dejó de trabajar y se fue a casa sola. Entonces, se dio cuenta de que estaba a punto de dar a luz.

En aquella época, Damayanti y su marido vivían en una sencilla choza. En cuanto Damayanti entró en la choza, se tumbó en una esterilla de paja y el bebé nació. Todo sucedió muy rápido y sin ningún dolor. Damayanti se dio cuenta de que el bebé no había llorado como suelen hacer cuando nacen. Miró a la criatura y vio que era una niña. Damayanti se llenó de admiración al ver la radiante sonrisa que había en su rostro. Nunca olvidaría la manera en la que la niña le miró. Era una mirada que parecía saberlo todo; una mirada tan poderosa y amorosa que llegaba directamente al corazón.

Una vecina que pasaba por allí se asomó por la puerta. En cuanto se dio cuenta de lo que había pasado, entró y se encargó de Damayanti y de su hija recién nacida.

Así fue como el 27 de septiembre de 1953 nacía la Santa Madre en una sencilla choza hecha de hojas de palmera trenzadas. No lejos de allí, las olas del mar bailaban de alegría en la costa, y en los cercanos *backwaters* las diminutas olitas rompían con suavidad contra la orilla. Parecía que la Madre Naturaleza le estaba cantando una nana de bienvenida a la recién nacida.

La pequeña mostraba muchas señales de ser una niña divina, señales que nadie entendió en ese momento. Se tumbaba con las piernas cruzadas en la postura del loto y sus deditos formaban una *mudra*, que es un signo sagrado. La niña era más morena que el resto de los miembros de su familia y su piel tenía un tono azul oscuro. Esto sorprendía a sus padres. Pensaban que, tal vez, le pasaba algo malo. Consultaron a varios médicos, pero estos no comprendían por qué la piel del bebé era tan azul. Pensaban que debía de padecer alguna enfermedad extraña y desconocida. Le dijeron a Damayanti que no la bañara durante seis meses, pensando que esto le devolvería, de alguna manera, su color normal. Damayanti hizo exactamente lo que los médicos le recomendaron, pero sin resultado. La piel de la niña siguió siendo azulada durante mucho tiempo.

Sus padres la llamaron Sudhamani, que significa "Joya Pura". Era una niña muy poco común. Al contrario que otros bebés, empezó a hablar cuando sólo tenía seis meses. También empezó a andar a esa edad. Antes de que un niño aprenda a caminar, primero gatea durante unos meses y entonces, cuando tiene alrededor de un año, aprende a ponerse de pie y a caminar. Pero Sudhamani era diferente. Nunca anduvo a gatas. Un día, a los

La niña divina

seis meses, estaba sentada en el porche de la nueva casa que su familia acababa de construir. De repente, se levantó y, ¡cruzó el porche caminando! Al poco tiempo, sorprendió a todos cuando comenzó a correr.

Desde el principio, Sudhamani amaba al Señor Krishna más que a nada en el mundo. En cuanto aprendió a hablar, no dejaba de repetir el nombre "Krishna, Krishna". Con sólo dos años, comenzó a rezar al Señor y le gustaba cantarle breves canciones, canciones que ella misma componía. Le cantaba a Krishna todos los días. A los cuatro años ya se sentaba delante de un pequeño retrato de Krishna cantándole con intenso amor y devoción. Esta imagen era su tesoro más preciado. Siempre la llevaba dentro de la blusa y la sacaba para mirarla una y otra vez.

Su amor por el Señor siguió creciendo. Con cinco años, su corazón desbordaba devoción. Su hermoso modo de cantar se hizo famoso por toda la vecindad. Siempre que cantaba sus canciones, miraba fijamente el pequeño retrato de Krishna. Nunca se cansaba de mirarlo.

A menudo, Sudhamani pensaba tanto en el Señor que se olvidaba por completo de todo lo que la rodeaba. Sus padres la encontraban sentada a solas en alguna parte, completamente quieta, con los ojos cerrados. A veces, la encontraban sentada junto a los *backwaters*, con la mirada fija en el agua o contemplando tranquilamente el cielo azul. Parecía estar en otro mundo.

Sin embargo, en vez de apreciar a esta pequeña tan especial, toda la familia se volvió en su contra por ser tan distinta; y también por tener la piel más oscura que ellos.

Sus padres no entendían su intensa devoción por el Señor; pensaban que no era normal. No podían comprender que su hija pasase todo el tiempo cantando a Krishna y que, a menudo, bailara en círculos mientras cantaba, ajena al mundo que la rodeaba. Y, cada vez que entraba en un estado de éxtasis, lo que le ocurría con frecuencia, pensaban que era un juego tonto. La reñían por no ser como los demás niños. A menudo, la trataban muy mal y le pegaban y regañaban por lo más mínimo. Siempre que sus padres iban a visitar a algún pariente o participaban en un festival religioso, solían llevar a todos sus hijos, menos a Sudhamani. Le decían que se quedase al cuidado de la casa y los animales. Para ellos, no era más que una criada, como si, en realidad, no perteneciera a su propia familia. Sin embargo, Sudhamani no se quejaba. Le gustaba quedarse sola, pues era una buena oportunidad para pensar en Krishna

Cerca de su casa había un establo y a Sudhamani le encantaba sentarse allí, a solas, con las vacas como única compañía. Allí cantaba sus canciones a Krishna, meditaba y le rezaba con todo su corazón y toda su alma. Sudhamani era feliz en el establo. Amaba las vacas igual que el Divino Pastorcillo, Krishna, las había amado una vez.

Sudhamani empezó a ir a la escuela a los cinco años. A pesar de su corta edad, sus maestros enseguida se dieron cuenta de que tenía una inteligencia fuera de lo común. Le bastaba con escuchar la lección una sola vez para acordarse de todo lo que habían dicho. También podía repetir con facilidad cualquier cosa que leyera. En el segundo año, a veces escuchaba la lección que estaban dando a los niños mayores de los cursos superiores y, después, también las podía repetir fácilmente. A veces, el maestro castigaba a los mayores, entre los que se encontraban el hermano y la hermana de Sudhamani, porque no podían aprenderse un poema de memoria. Sin embargo, Sudhamani, que era mucho más joven, cantaba alegremente el mismo poema mientras bailaba su melodía como una delicada mariposa. Los maestros le tenían mucho cariño. Les sorprendía su memoria tan poco común. Nunca habían visto nada parecido. Sacaba las mejores notas en todas las asignaturas. Era la mejor estudiante de la clase, a pesar de que, a menudo, la

obligaran a quedarse en casa para ayudar a su madre en las tareas domésticas.

Sudhamani estaba llena de vida y energía. Cariñosamente, los habitantes del pueblo la llamaban "Kunju" (la pequeña). La querían por su nobleza, su intensa devoción por el Señor, por cómo amaba a todas las criaturas de Dios, por su bondad hacia los pobres y los que sufrían y por su melodioso y dulce canto. También era muy buena escuchando a la gente. Aquellos que la conocían se daban cuenta de cómo sus corazones se abrían cuando hablaban con ella. A pesar de ser tan joven, le contaban todos sus problemas. Hasta los desconocidos se sentían atraídos por ella desde el momento en que la veían.

Todas las mañanas, Sudhamani se levantaba mucho antes de que saliera el sol y daba la bienvenida al Señor con su canto. Su voz resultaba tan pura, dulce y encantadora para los vecinos que estos intentaban levantarse temprano para oírla recibir al Señor y al nuevo día.

Muchas de las canciones más bellas de Sudhamani eran tristes porque reflejaban su anhelo por Krishna. Le resultaba extremadamente doloroso estar separada del Señor. En sus canciones, le llamaba, le suplicaba que fuera a ella, diciéndole lo mucho que deseaba verlo. Cada vez que cantaba esas canciones las lágrimas le caían por las mejillas. Lloraba y lloraba hasta que sentía que su corazón se iba a romper. Los vecinos se preocupaban al verla así y algunos intentaban consolarla. Pero sólo Krishna podía consolar a la pequeña. Sólo Krishna podía hacerla feliz. Los aldeanos comprendían que Sudhamani vivía en un mundo diferente.

Sin embargo, su familia la comprendía poco y, a menudo, la maltrataba.

A pesar de que, con frecuencia, su padre la trataba mal, sobre todo porque no la comprendía, en lo más profundo del corazón amaba mucho a su hija. A veces, Sudhamani sentía un intenso

La niña divina

deseo de abandonarlo todo: su casa, su familia y todo lo que conocía, para no hacer otra cosa que meditar en Krishna a todas horas. Pensaba en las montañas sagradas del Himalaya, donde, sentados en sus cuevas, los yoguis meditaban todo el día. Una noche, le dijo a su padre:

-Padre, ¡llévame a un lugar solitario! ¡Llévame al Himalaya!- y se echó a llorar. El Himalaya estaba muy lejos, en la parte más septentrional de la India. Por eso, por supuesto, él no podía llevarla hasta allí; pero, para que dejara de llorar, la abrazó y le dijo:

-Te llevaré allí muy pronto. Ahora, duerme un poco, hija mía.

Sudhamani se sintió reconfortada y se durmió con la cabeza apoyada sobre el hombro de su padre, pensando que él la llevaría allí enseguida. Pero, cuando se despertó un poco más tarde, se echó a llorar otra vez al ver que no la había llevado al Himalaya y que seguían en el pequeño pueblo de pescadores rodeado de cocoteros.

Cuando Sudhamani no podía conciliar el sueño por la noche e insistía en meditar en el patio, su padre se levantaba y la vigilaba para asegurarse de que estuviera a salvo.

Capítulo 2

La pequeña santa

Sudhamani sólo fue a la escuela durante cuatro años. Cuando tenía diez años, su madre cayó enferma de reumatismo, lo que suponía que Sudhamani debía quedarse en casa y hacer todas las tareas domésticas. Siempre había ayudado mucho a su madre, pero ahora tenía que hacerlo todo ella sola.

Sudhamani tenía que levantarse a las tres todas las mañanas. A veces, si estaba muy cansada, se quedaba dormida sin querer. Cuando esto sucedía, su madre se enfadaba y la despertaba echándole un jarro de agua fría por la cabeza.

Sudhamani trabajaba duro todo el día y hasta bien entrada la noche. Limpiaba la casa y barría el patio exterior. Tenía que ir hasta el pozo del pueblo a coger agua potable. Hacía la comida para toda la familia, fregaba las cazuelas y sartenes, cuidaba las vacas y las ordeñaba y se ocupaba de las cabras y los patos. Hasta para un adulto sería un trabajo muy duro. Y Sudhamani sólo era una niña; pero nunca se quejaba, ni lo más mínimo. Aunque trabajaba todo el día, siempre tenía la mente en Krishna. Nunca se olvidaba de él ni un instante. Sus labios se movían constantemente mientras repetía su nombre: "Krishna, Krishna." Si alguna vez oía a alguien mencionar el nombre de Krishna, sentía tanto amor en el corazón que los ojos se le llenaban de lágrimas.

No importaba qué trabajo estuviera realizando Sudhamani. Siempre se imaginaba que lo hacía para el Señor. Lo hacía todo para él. Cuando lavaba la ropa de su familia, imaginaba que estaba lavando la ropa de Krishna. Cuando la tendía para que se secara, imaginaba que era la ropa de seda amarilla de Krishna resplandeciendo al sol. Cuando vestía a sus hermanos y hermanas pequeños para ir a la escuela, se imaginaba que eran Krishna y su hermano, Balarama. Cuando cuidaba de las vacas, pensaba en el pastor divino, Gopala Krishna, que cuidaba las vacas en los campos y bosques de Vrindavan.

Seguía llevando su retrato del Señor a dondequiera que iba y lo miraba con frecuencia. Lo abrazaba contra sí y lo besaba. Después, se echaba a llorar porque anhelaba ver al Krishna real y estar con él. Lloraba hasta que la imagen quedaba empapada por las lágrimas. Sabía que no había nada más hermoso que Krishna y que él era más amoroso que todas las personas del mundo juntas. Anhelaba con todo su corazón verlo, jugar y bailar con él. Quería estar con él para siempre.

Sudhamani pasaba mucho tiempo cargando agua, lavando ropa y vadeando los *backwaters* para coger hierba para las vacas. Por eso, normalmente llevaba la ropa húmeda. Con frecuencia, acarreaba pesados recipientes llenos de agua y arroz cocido caliente para las vacas sobre la cabeza, a la manera india y, por ese motivo, se le caía el pelo de la parte superior de la cabeza.

A pesar de que Sudhamani trabajaba muy duro y siempre intentaba hacerlo lo mejor que podía, su madre solía reñirle y le daba una paliza por el menor error. Años más tarde, cuando Sudhamani era adulta y recordaba su infancia, decía: "Damayanti fue, de algún modo, mi guru[1]. Ella me enseñó autodisciplina y a hacerlo todo con mucho cuidado. Si se me caía una sola paja de la escoba mientras barría o si quedaba un minúsculo pedacito de basura en el suelo después de terminar de barrer el patio, me castigaba. También lo hacía si se me caía una mota de polvo o ceniza a la cazuela mientras cocinaba en el fuego o si encontraba el menor rastro de suciedad después de haber fregado los platos. A veces, Damayanti hasta me pegaba con una mano de mortero de madera. Cuando otras personas veían lo mal que me trataba, le

---

[1] Un guru es un maestro espiritual.

decían a Damayanti: 'Por favor, no la castigues así'; pero Damayanti no los escuchaba".

A veces, Damayanti intentaba asustar a Sudhamani diciéndole: "¡Aquí viene un fantasma! ¡Viene para llevarte!" Pero nadie podía asustar a la pequeña, porque nada le daba miedo. Era muy valiente.

En el pueblo había una anciana llamada Apisil, a la que le gustaba asustar a los niños pequeños. Si los niños eran traviesos, sus padres llamaban a Apisil para que fuera a asustarlos y se portaran bien. Un día Damayanti le pidió a Apisil que fuera a asustar a Sudhamani. La anciana se cubrió la cabeza con un saco y se acercó a hurtadillas hasta la ventana donde Sudhamani estaba sentada. Entonces, la horrorosa Apisil empezó a dar saltos, a aullar, a chillar y a hacer todo lo que podía para asustar a la pequeña. Pero Sudhamani no tuvo miedo en absoluto. Miró con valentía por la ventana al monstruo que saltaba y chillaba y le dijo:

-¡Vete de aquí! Ya sé quién eres. No eres más que Apisil. ¡No intentes asustarme!

Damayanti recurrió a Apisil en varias ocasiones, pero la pequeña nunca le tuvo miedo.

El hermano mayor de Sudhamani, Subhagan, tenía tan mal genio que toda la familia, e incluso los aldeanos, lo temían. Se sentía orgulloso de no creer en Dios. También pensaba que los chicos eran mejores que las chicas y que a las chicas había que verlas pero no oírlas. Era especialmente cruel con Sudhamani y siempre buscaba cualquier excusa para castigarla por algo. No soportaba su devoción por Krishna ni cómo le cantaba al Señor. Con sólo oírla, se enfadaba.

Como Sudhamani no dejaba de trabajar en todo el día, hasta el final de la tarde, sólo tenía tiempo para sentarse a solas a adorar al Señor por la noche. Para entonces, era tan tarde que la lámpara de aceite de la habitación de la *puja*[2] ya se había consumido. Así que Sudhamani se sentaba a oscuras a cantar sus canciones. Cuando Subhagan se percataba de lo que estaba haciendo, se enfadaba al verla sentada de esa manera en la oscuridad y le gritaba. Sudhamani le decía:

—Tú sólo puedes ver la luz exterior; pero en lo más profundo de mí hay una luz que nunca se apaga.

Subhagan no comprendía que ella se refería a la luz divina, una luz más brillante y hermosa que cualquier luz normal y que esta luz siempre brillaba en su interior.

Como parte de sus tareas domésticas, a menudo Sudhamani visitaba a los vecinos para recoger sobras de verduras y arroz cocido para las vacas. Sudhamani escuchaba pacientemente las muchas historias tristes de los ancianos que vivían allí. A menudo, le contaban que sus hijos mayores y sus nietos, que en otros tiempos habían rezado por su salud y larga vida, se olvidaban ahora de ellos y los maltrataban. La gente mayor se encontraba muy sola y no tenía con quién hablar. Sudhamani los escuchaba con gran atención y se compadecía de ellos. Siempre intentaba pasar algún tiempo con los ancianos haciéndoles compañía, porque nadie los quería ni se preocupaba de ellos. Al escuchar sus historias, se daba cuenta de lo egoístas que son los seres humanos y de que apenas había verdadero amor y compasión en el mundo.

Pero el corazón de Sudhamani rebosaba compasión. Su corazón iba directo a los que estaban tristes, pobres y solos. Aunque sólo era una niña, hacía todo lo que podía para aliviar el sufrimiento de sus ancianos vecinos. A veces, cuando no había nadie en casa, iba a buscar a una de las ancianas que estaban solas y se la llevaba a casa. Con mucho cariño, le daba un baño caliente, la vestía con ropa de su familia y le daba de comer lo que encontraba.

---

[2] En las casas de la India a menudo hay una habitación especial para el culto, llamada habitación de la puja.

Siempre que Sudhamani se enteraba de que alguien del pueblo no tenía suficiente comida, intentaba ayudarle. Cogía dinero de la hucha (alcancía) de su madre y le compraba algo de comida. Si esto no era posible, le daba la lata a su padre hasta que éste le daba un poco de dinero. Si esto también fallaba, cogía algunas verduras crudas y arroz de la despensa y se lo daba a la familia necesitada. Un día, la sorprendieron con las manos en la masa mientras cogía algo de comida para un hombre hambriento. Aunque le dieron una buena paliza, siguió dando comida a los pobres en secreto, porque no podía soportar ver sufrir a nadie.

Cada vez que robaba leche, luego echaba un poco de agua a la que quedaba para que nadie notara la falta. Damayanti no sabía que la comida y la leche que cogía Sudhamani se las daba a las familias necesitadas de las que se había hecho amiga.

A veces, cuando salía a pasear, Sudhamani se encontraba con niños desnutridos que vagaban solos porque sus padres no podían ocuparse de ellos como hacía falta. Sudhamani se los llevaba a casa, les daba de comer, los lavaba y, después, los devolvía a sus casas.

Los hermanos y hermanas de Sudhamani se aprovechaban de su buen corazón. A menudo robaban comida de la cocina y, cuando Damayanti se percataba de que faltaba algo, señalaban a Sudhamani y decían: "¡Ha sido ella!" Aunque Sudhamani sabía quiénes eran los verdaderos ladrones, no decía ni una palabra en su defensa. Simplemente, se quedaba callada y dejaba que Damayanti la castigara por lo que otros habían hecho. A veces, sus hermanos se sentían mal por lo que habían hecho y les confesaban a sus padres que la pequeña era inocente. Entonces, los padres de Sudhamani le preguntaban por qué había cargado con la culpa y el castigo sin decir nada en su defensa y Sudhamani decía: "No me importa sufrir por otros, por los errores que han cometido desde su ignorancia".

Un día, Sudhamani se encontró con una familia muy pobre. No tenían nada que comer. Sudhamani quería ayudarles desesperadamente. Intentó encontrar algo de comida, pero en su casa no había nada. Tampoco encontró dinero. Sentía que no podía dejar que la familia se muriera de hambre, así que cogió una pulsera de oro de su madre y se la dio a ellos. Cuando su padre regresó a casa y se enteró de lo sucedido, se puso muy furioso. La ató a un árbol y la azotó hasta hacer sangrar su delgado cuerpecito.

Aunque la tratasen así, Sudhamani nunca se ofendió con nadie. Amaba tanto a Dios, que no podía evitar amar también a los demás. Amaba incluso a quienes la trataban mal. Sentía que todos eran parte de Dios. Creía que todo lo que le ocurría era voluntad de Dios, aunque fuera doloroso y, por eso, lo aceptaba. En lugar de enfadarle, su sufrimiento la hacía volverse cada vez más hacia su amado Krishna y le hacía anhelarlo más que nada en el mundo. Llegó a comprender que sólo Dios era su verdadero amigo y que sólo Dios era su verdadero Padre y Madre.

Como Sudhamani sentía el mismo amor por todos, llamaba "madre" a todas las mujeres y "padre" a todos los hombres. A su padre, Sugunanandan, no le gustaba esto y la reñía por llamar a otros "padre" y "madre". Ella le decía: "Nunca he visto a mi verdadera Madre ni a mi verdadero Padre, así que siento que todos son mi madre y mi padre".

Aunque los habitantes del pueblo le tenían mucho cariño a Sudhamani, ella no se sentía especialmente cercana a nadie. Sentía que Krishna era su mejor amigo. También amaba de manera particular a los animales. Cuando miraba a las vacas, las cabras, los perros, los pájaros y todas las demás criaturas, podía ver a su amado Krishna resplandeciendo en todos ellos. Hablaba con los animales imaginando que eran Krishna. De esa manera, le contaba al Señor todos sus problemas. A veces, cuando una vaca estaba echada, descansando, Sudhamani se tumbaba a su lado. Se acurrucaba junto a la vaca y ponía la cabeza sobre su cuerpo imaginando que estaba tumbada en el regazo de Krishna.

Capítulo 3

Trabajando de criada

A medida que pasaban los años, Sudhamani seguía trabajando para su familia. Sin embargo, seguía teniendo la mente en su amado Krishna a todas horas, de día y de noche. Sudhamani tenía entonces trece años.

A la gente le resultaba difícil encontrar criados en la zona. Cuando los parientes de Sudhamani necesitaban uno, se decidió que Sudhamani fuera a trabajar para su abuela, sus tíos y sus tías.

La casa de su abuela estaba a seis kilómetros de distancia. Para llegar allí, se podía ir o en barca o caminando por la playa. Todos los días, Sudhamani iba y volvía de la casa de su abuela en una pequeña barca. Cuando se sentaba en ella, disfrutaba enormemente mirando el agua azul, imaginando que podía ver a Krishna sonriéndole desde el agua. A Sudhamani le gustaba recitar el sonido sagrado "Om" junto al zumbido del motor de la barca. Al hacerlo, el corazón le rebosaba tanto de alegría que pronto se ponía a cantar. Los demás pasajeros de la barca disfrutaban mucho con su canto.

Un día, Damayanti dejó de darle dinero para el viaje en barca. Le dijo:

-Puedes ir andando perfectamente.

Esto no entristeció en absoluto a la pequeña. Se dijo: "No hay razón para estar triste. Ahora que tengo que caminar hasta allí, tengo la oportunidad de estar sola durante ese tiempo y, así, podré pensar en Dios".

Así que al día siguiente empezó a caminar a orillas del mar hacia la casa de su abuela. Siempre que Sudhamani oía el mar, le parecía que las olas cantaban el sonido sagrado "Om". Por eso,

Trabajando de criada

esa mañana, caminando por la playa, oía las olas cantando lentamente: "Om... Om... Om...", y se sintió tan cerca de Dios que estaba rebosante de dicha. Mientras caminaba, empezó a cantarle una canción al Señor. Al mirar el mar, el agua azul le recordaba a Krishna, de color azul. Levantó la mirada hacia el cielo, en el que flotaban suaves nubes de color gris azulado que también le recordaron a Krishna. Mirando el mar y el cielo, empezó a anhelar al Señor de tal forma que se echó a llorar. Tenía la mente tan llena de Krishna que se olvidó por completo del mundo que la rodeaba. Volvió a mirar el agua, ¡pero sólo veía a Krishna! ¡Y qué hermoso era! Krishna estaba presente en cada ola del mar. Sudhamani avanzó dando traspiés hasta la orilla del mar e intentó abrazar las olas, imaginando que a quien abrazaba era a Krishna. Con la ropa totalmente empapada, siguió caminando por la playa, gritando su nombre una y otra vez:

-¡Krishna! ¡Oh, Krishna!

Estaba tan llena de amor por él que ya no sabía lo que hacía. Sus pasos se volvieron cada vez más lentos hasta que, finalmente, se detuvo y cayó sobre la arena. Permaneció allí, tumbada, sin saber dónde estaba. No podía ver la arena, ni el mar, ni el cielo. Sólo existía Krishna. El Señor estaba en todas partes y ella se estaba bañando en felicidad. Había olvidado que tenía que ir a casa de su abuela. Horas después, cuando por fin recordó dónde se encontraba, se levantó y siguió su camino. En muchas otras ocasiones se retrasó por el mismo motivo.

En casa de su abuela, a Sudhamani le encargaban muchas tareas. Ella hacía todo lo que podía y trabajaba tan duro como le era posible. Su abuela estaba muy contenta con ella y la trataba bien. Un día, envió a la pequeña a un molino a descascarillar arroz. De camino, tenía que pasar por un pueblo en el que había familias tan pobres que no tenían bastante para comer. A Sudhamani se le partió el corazón cuando vio cómo sufrían. Más adelante, cuando regresaba a casa del molino, se encontró con una familia que llevaba tres días sin comer. Sin dudarlo ni un segundo, les dio algo del arroz que llevaba. Al llegar a casa, su abuela se percató de que faltaba arroz. Le pidió explicaciones a la pequeña; pero Sudhamani no quería que su abuela se enterase de que había ayudado a alguien. Temía que, si lo hiciera, su abuela iría a discutir con la familia pobre y ellos se sentirían humillados. Por eso, para protegerlos, no dijo ni una palabra. La abuela pensó que la pequeña debía de haber vendido el arroz para comprarse caramelos con el dinero, y la castigó. En varias ocasiones más su abuela se dio cuenta de que faltaba arroz; pero, por mucho que castigara a la pequeña, esta nunca reveló lo que había hecho.

A Sudhamani la llenaba de felicidad ver que su abuela también amaba a Krishna. En una de las habitaciones de la casa colgaba un gran retrato del Señor. Cada vez que Sudhamani tenía un momento libre, se quedaba de pie delante de él. El tío de Sudhamani la quería mucho, y, cuando la vio de pie, cantando a la imagen, le trajo una banqueta para que se sentara; pero la pequeña no quiso sentarse. Señaló a la imagen y dijo:

-¡Mira, tío! Krishna está de pie. ¿Cómo voy a sentarme mientras él está de pie?

Para Sudhamani, el cuadro no estaba hecho de papel y pintura. Era el verdadero Krishna de pie ante ella en carne y hueso.

Los vecinos de la abuela de Sudhamani estaban encantados con sus canciones. A menudo iban a la casa sólo para escucharla cantar. Al oír sus composiciones, sus corazones se llenaban de devoción. Poco a poco, aprendieron las canciones y empezaron a cantarlas en sus propias habitaciones de *puja*.

Las estaciones se fueron sucediendo y, al año siguiente, enviaron a Sudhamani a trabajar para su tía. Como era habitual, le dieron una enorme cantidad de trabajo. A sus primos les parecía vergonzoso realizar cualquier tarea doméstica. Los mayores no creían en Dios y, en cuanto tenían una oportunidad, atormentaban sin piedad a la pequeña por su amor a Krishna. También intentaban impedirle que cantara sus canciones. Cuando lo conseguían, Sudhamani se echaba a llorar tapándose la cara con las manos. Podían impedirle que cantara, pero no podían lograr que dejara de amar al Señor.

A Sudhamani también le dieron la tarea de llevar a sus primos a la escuela, que estaba al otro lado de los *backwaters*. Mientras los niños estaban sentados en la estrecha barca de madera, Sudhamani se colocaba en la popa, impulsando la barca por el agua con una larga vara de bambú.

Como, de repente y sin previo aviso, Sudhamani entraba en un estado de total absorción en Dios, se encontró a veces en situaciones peligrosas.

Un día, la pequeña acababa de terminar su tarea de descascarillar el arroz y tenía un momento libre para sí misma. Se montó en una barquita y empezó a remar por los *backwaters*, disfrutando enormemente de la belleza natural que la rodeaba. Las pequeñas olas que había alrededor de la barca brillaban como plata pura y el cielo estaba cubierto de nubes de color gris azulado. Contemplar las nubes la colmaba de alegría porque, como era habitual, su color le recordaba a su Dulce Señor. De repente, su mente se quedó completamente absorta en Él. El cielo entero estaba lleno de Krishna. Ella se olvidó por completo de que estaba sentada en la barca. No era consciente del mundo que la rodeaba. Ni siquiera era consciente de sí misma. Todo su ser se llenó de una alegría y dicha indescriptibles. Los remos se le cayeron de las manos. Mientras la pequeña barca se movía de aquí para allá por el agua, ella seguía sentada, completamente inmóvil, como una estatua, perdida en la dicha.

De repente, una gran lancha motora apareció en el río. ¡Era una barca de pasajeros que iba directa hacia la barquita de

Sudhamani! El capitán no debía de haber visto la barca, pero algunos de los pasajeros sí. Estos empezaron a gritar para llamar la atención de la niña; pero Sudhamani estaba felizmente perdida en el glorioso mundo de Krishna. No podía oír a nadie, ni podía ver la lancha. No tenía ni idea de lo que estaba ocurriendo. Un grupo de personas que estaban en la orilla también intentaron avisarla. Gritaban y lanzaban piedras al agua, alrededor de Sudhamani; pero el Señor no iba a permitir que nada le ocurriera a ella, cuya mente estaba tan concentrada en él. Justo antes de que la lancha estuviera a punto de chocar con la barquita de Sudhamani y hacerla pedazos, ella –repentinamente- se volvió consciente de su entorno. Comprendió vagamente que se encontraba en una situación peligrosa. En el último momento, consiguió alejar la barca de modo que la gran lancha pudiera esquivarla.

Después de pasar un año trabajando en casa de su tía, enviaron a Sudhamani a trabajar para el hermano mayor de su madre y la esposa de éste. Al principio, estaban muy contentos con Sudhamani, porque trabajaba mucho y lo hacía todo perfectamente.

En esa zona vivían varias familias musulmanas pobres. Muchas de ellas no tenían bastante comida para alimentar a sus hijos. Sudhamani no podía soportar verlos sufrir, así que cogió toda la comida, ropa y otras cosas de sobra que pudo encontrar en la casa de su tío y se las dio en secreto a los necesitados. Cuando sus tíos descubrieron lo que había hecho, la pegaron con severidad. A partir de entonces, le cogieron antipatía y fueron muy crueles con ella. Al final, Sudhamani decidió que ya había tenido bastante, los dejó y se marchó a su casa.

Todos los demás parientes pronto se enteraron de su costumbre de coger comida y ropa para dársela a los pobres. Muchos de ellos temían que fuera a sus casas y también regalara sus pertenencias. Desde entonces, sus parientes no quisieron tener nada que ver con ella. No le permitieron entrar en sus casas, por lo que Sudhamani ya no tuvo que trabajar para ellos.

Capítulo 4

Anhelando a Krishna

La Madre de la Dulce Felicidad

Sudhamani tenía dieciséis años cuando regresó a su casa. De nuevo, se encargó de todas las tareas domésticas. Mientras trabajaba, cantaba al Señor y repetía Su nombre sin cesar. También aprovechaba cualquier momento libre para meditar. Su intensa devoción y su anhelo por Dios hacían que a menudo las lágrimas le cayeran por la cara mientras trabajaba.

Damayanti se sentía muy avergonzada por la mala reputación que su hija tenía entre sus parientes. Por ello, la trataba incluso peor que antes, sin importarle lo bien que hacía su trabajo.

Sudhamani tenía muy poca ropa. Sus hermanos y hermanas tenían mucha ropa buena, pero a ella apenas le daban nada. Un día, alguien le regaló una blusa de cuadros y ella se la puso alegremente. Cuando su hermano, Subhagan, vio que llevaba una blusa nueva, inmediatamente le ordenó que se la quitara. La cogió y la quemó delante de ella mientras le gritaba:

-¡Te pones esa ropa de colores porque lo único que quieres es llamar la atención!

En una ocasión, Damayanti castigó a Sudhamani por coger prestada la chaqueta amarilla de su hermana. Sudhamani decidió que, en adelante, sólo se pondría la ropa que Dios le diera. Es decir, sólo llevaría la ropa vieja y gastada que la gente hubiera tirado porque ya no la quisieran. La ropa que encontraba estaba rasgada y tenía agujeros; pero ella conseguía arreglarla de alguna manera, utilizando los hilos sueltos de una vieja cuerda de tender.

Subhagan no consentía que Sudhamani se relacionara con chicas de su edad porque pensaba que podían ser una mala influencia para ella. Cuando Sudhamani iba por agua potable al pozo del pueblo, no se atrevía a hablar con ninguna de las chicas, pues, si Subhagan se enteraba, le daría una buena paliza al regresar a casa. Así que, a pesar de que entonces era una adolescente, sólo la dejaban jugar con niños pequeños. Sin embargo, Sudhamani estaba contenta con esto, porque adoraba a los niños y, cuando no estaba con ellos, prefería estar a solas con el Señor.

Sudhamani tenía una naturaleza muy amorosa, muy afectuosa, y, por eso, siempre estaba rodeada de niños. Estos se sentían atraídos por ella como por un imán. Cada vez que los niños tenían la oportunidad, iban corriendo a jugar con ella. Y la seguían felices cuando iba a recoger hojas para las cabras. Cuando Sudhamani se subía a un árbol y se sentaba en una rama a coger las hojas, sin pensar siquiera en ello empezaba a imitar el sonido de una flauta, la flauta de Krishna. Sentía que ella misma era Krishna y que todas las niñas y los niños eran las *gopis* y los *gopas*, las lecheras y los pastores de Vrindavan. Cuando terminaba su trabajo, le encantaba jugar con sus pequeños amigos. Juntos, representaban escenas de la infancia de Krishna y cantaban al Señor las canciones de Sudhamani. Entre ella y los niños existía un fuerte lazo de amor. Los niños no podían permanecer lejos de ella. Se sentían muy felices en su presencia.

Sudhamani se dio cuenta de que algunas de sus vecinas se ganaban la vida como costureras. Se le ocurrió una idea y decidió que quería recibir clases de costura. Pensó que, si aprendía a coser, podría ganar suficiente dinero para ayudar a los pobres. Al principio, sus padres no querían ni oír hablar de ello; pero Sudhamani no se dio por vencida. Siguió pidiéndoselo hasta que, al final, se ablandaron. Así, durante unas horas al día, iba a una escuela de costura perteneciente a una iglesia cercana. Las clases se impartían en un pequeño taller junto a la iglesia y, mientras las demás chicas de la clase se sentaban a cotillear sobre chicos, estrellas de cine y la última moda, Sudhamani se sentaba sola, cosiendo y cantando a su amado Krishna. Cantaba con tanto sentimiento que, a menudo, las lágrimas caían sobre la máquina de coser. Aunque el cura era cristiano, la devoción de Sudhamani por su Señor le conmovía tanto que acabó encariñándose con ella.

A veces, Sudhamani cogía su labor y salía a sentarse en el cementerio, porque era un lugar muy silencioso y tranquilo. Hablaba con los que ya se habían ido, preguntándoles si eran felices, y les cantaba cantos sagrados para que sus almas descansaran en paz. De vez en cuando, iba a la iglesia y se quedaba mirando la estatua de Jesucristo crucificado. La estatua la conmovía profundamente. Un día, mientras la estaba mirando, sintió que Cristo y Krishna eran idénticos y entró en un estado de *samadhi*. Cuando recobró la conciencia de dónde estaba, pensó en el enorme sacrificio tanto de Jesús como de Krishna, y también pensó en el extraordinario amor de ambos. Se echó a llorar, pensando: "¡Cómo lo sacrificaron todo por el bien del mundo! La gente se volvió en su contra y, sin embargo, ellos amaron a quienes los odiaban. Si ellos lo hicieron, seguro que yo también puedo".

Sudhamani era una buena estudiante y pronto aprendió a coser. Cuando dejó la escuela, el sacerdote estaba tan triste que lloró. Le dijo a Sathish, el hermano pequeño de Sudhamani:

—Sudhamani será grande en el futuro. Ya lo verás.

Enseguida, Sudhamani empezó a coser para los aldeanos. El poco dinero que ganaba lo empleaba para ayudar a los pobres.

A veces, de noche, Sudhamani salía a mirar la luna y las estrellas. Les decía:

—Oh, amigas mías, ¿habéis visto a mi Krishna? Dulce viento, ¿alguna vez lo has acariciado? Oh, silenciosa luna y relucientes estrellas, ¿también estáis buscando a Krishna? Si lo encontráis, por favor, decidle que lo estoy esperando. ¡Quiero verlo!

De día y de noche meditaba en el Señor. Le cantaba, le rezaba y repetía su nombre. Su mente nunca dejaba a su Amado ni por un momento. Por fin, llegó el día en el que Krishna se apareció ante ella. Primero apareció como el travieso y adorable bebé Krishna, o Kanna, como se le llama al Krishna bebé. Después, lo vio cuando era un poco mayor, como Gopala, el Divino Pastorcillo, con una pluma de pavo real en el pelo y la flauta en la mano. Al final, vio al glorioso Krishna, el Señor de su corazón. Sudhamani estaba embriagada de alegría. Se encerró en la habitación de la *puja* y bailó durante horas en la dulce dicha de la conciencia de Dios.

A partir de entonces, Sudhamani experimentó muchas y maravillosas visiones de Krishna. Cada vez que salía a pasear, veía al Señor caminando a su lado y, a menudo, se le aparecía bien entrada la noche. Él le tomaba el pelo con dulzura y picardía y le hacía reír. El Divino Flautista le cogía las manos y bailaba con ella sobre una alfombra de aromáticos pétalos de flores. La llevaba por encima de las nubes y le enseñaba diferentes mundos y muchas cosas maravillosas.

Sudhamani estaba experimentando ahora que todo en la naturaleza era Krishna. Siempre que llovía, parecía que las gotas de agua hacían el sonido "Om" y ella cantaba felizmente con la música de la lluvia que caía. Veía a Krishna dentro de cada gota de lluvia. Ni siquiera podía coger una sola flor, porque todas las flores eran Krishna y no quería hacerle daño. Cuando soplaba el viento, sentía que Krishna la acariciaba. Cuando caminaba, el suelo era Krishna; cada grano de arena era él. Pero también cada vez experimentaba con más intensidad que Krishna y ella no eran diferentes.

Se dice que nos convertimos en lo que pensamos y, así, como el amor y el anhelo de Sudhamani por Krishna eran tan intensos, y como siempre tenía la mente puesta en él, fue transformándose poco a poco en el propio Krishna. Se fundió con él; pero, durante algún tiempo, nadie lo supo. Aunque por fuera parecía la misma chica de pueblo de antes -pequeña y delgada, con el pelo largo, negro y ondulado y una hermosa cara cuyos ojos, inusitadamente radiantes, brillaban de amor- por dentro se había vuelto una con el Señor.

Capítulo 5

Krishna bhava

Cuando, más adelante, le preguntaron a Sudhamani cómo había podido alcanzar el estado de conocimiento del Yo tan joven, respondió:
-Desde que era muy pequeña, amaba el nombre de Dios con todo mi corazón. Lo amaba tanto que decía el nombre de Krishna a cada respiración, una y otra vez. No importaba donde me encontrara, ni lo que estuviera haciendo; mi mente siempre estaba en el Señor. A cualquiera que quisiera alcanzar el estado de conocimiento del Yo le ayudaría mucho pensar en Dios todo el tiempo, sin interrupción.

Para entonces, Sudhamani estaba tan cerca de Krishna que, en cuanto oía el nombre "Krishna", su mente se quedaba tan absorta en su unión con él que olvidaba todo lo demás. Pasaba sola todo el tiempo que podía, disfrutando de su unidad con el Señor. Un día, Krishna le habló. Le dijo:
-Miles y miles de personas están sufriendo en este mundo. Tú y yo somos Uno. A través de ti, haré muchas cosas.

Poco después, Sudhamani reveló al mundo su unidad con Krishna. Así fue como sucedió:

A última hora de la tarde, en septiembre de 1975, Sudhamani acababa de terminar de recoger hierba para las vacas y volvía a casa con su hermano Sathish. Llevaba un gran fardo de hierba sobre la cabeza. Como de costumbre, se encontraba en un estado de ánimo divino y mientras caminaba iba cantando. Cuando pasaron por la casa de sus vecinos, Sudhamani se detuvo de repente. Los vecinos estaban sentados en el patio. Habían estado leyendo la vida del Señor Krishna en la sagrada escritura, el *Srimad Bhagavatam*, como hacían todos los meses. Acababan de leer sobre el nacimiento del Señor Krishna y cantaban un himno sobre él.

Sudhamani se quedó completamente inmóvil, escuchando atentamente la canción. De repente, su estado anímico cambió. El fardo de hierba que llevaba se cayó al suelo. Entró corriendo en el patio y se quedó de pie en medio de todos. Levantó los brazos y sus manos formaron espontáneamente *mudras* sagradas. Rebosaba dicha divina. Ya no podía seguir ocultando su unidad con Krishna. De repente, con gran asombro, la gente vio que su cara había cambiado. Lo que veían ante ellos era el radiante y glorioso rostro de Krishna. Era el mismísimo Señor el que había venido entre ellos. Sudhamani estaba en Krishna *bhava*, el estado divino de Krishna. Sudhamani pidió a una de las personas que trajera agua. Tocó el agua y la roció sobre todos como agua bendita.

Las noticias sobre la transformación de Sudhamani se difundieron rápidamente por todo el pueblo y pronto una gran multitud se congregó en el patio. Pero entre los que fueron a verla había algunos que no creían. Pensaban que Sudhamani sólo estaba fingiendo. Le dijeron:

-Si de verdad eres Krishna, deberías ser capaz de probarlo haciendo un milagro. De otro modo, ¿cómo vamos a creer en ti?

Al principio, Sudhamani se negó. Les dijo:

-No tengo ningún interés en hacer que alguien crea en mí mediante milagros. No tengo la intención de hacer ningún milagro. Quiero inspirar a la gente para que anhele a Dios; quiero que la gente anhele el conocimiento de Dios. Los milagros no son la parte más importante de la espiritualidad. Además, si hago un milagro ahora pronto querréis ver otro. Los pediréis una y otra vez. No he venido al mundo a crear deseos. He venido a destruirlos. El verdadero tesoro está en vuestro interior. Entonces, ¿por qué queréis una copia? Vuestro verdadero Yo está en vuestro interior, pero vuestra ignorancia lo oculta.

Sin embargo, los escépticos no se dieron por vencidos. Dijeron:

-Te prometemos que no te lo volveremos a pedir.

Al final, Sudhamani accedió. Dijo:

-Sólo lo voy a hacer esta vez, para que creáis. Pero no debéis volver nunca más a mí con ese deseo. Los que duden, pueden venir aquí la próxima vez que se lea el Srimad Bhagavatam.

La siguiente vez que los vecinos tuvieron una lectura del Srimad Bhagavatam, una gran multitud se congregó en su patio. Había tanta gente que no cabían todos y algunos tuvieron que quedarse fuera. Habían acudido tanto creyentes como no creyentes. Algunos de los que no creían incluso se habían subido a los árboles y a los tejados colindantes. Desde ahí, podían ver todo lo que estaba pasando en el patio de abajo. Creían que pronto podrían probar que Sudhamani sólo estaba fingiendo y que no era en absoluto una santa. Querían dejarla en ridículo.

En el patio de sus vecinos, Sudhamani volvió a entrar en Krishna bhava. Entonces, le pidió a uno de los que más dudaban de ella que trajera una jarra de agua. Tal y como lo había hecho la última vez, roció el agua bendita sobre los presentes. Después, pidió al mismo hombre que le había traído la jarra que metiera los dedos en el agua que todavía quedaba en ella. Este lo hizo ¡y comprobó que el agua se había convertido en leche pura! Sudhamani les dio a todos un poco de leche como *prasad*, un regalo sagrado de Dios.

Entonces, llamó a otro hombre que no creía en ella y le pidió que metiera los dedos en la jarra. Y, ¡sorpresa! La leche que quedaba en la jarra se había convertido en un postre dulce llamado *panchamritam*. Cuando todos vieron lo que había pasado, entendieron por fin que quien estaba en realidad delante de ellos era el Señor Krishna, y empezaron a gritar: "¡Oh, Dios! ¡Oh, Dios!" El *panchamritam* se repartió entre más de mil personas y, cuando todos hubieron recibido su parte, la jarra seguía llena. Muchos días más tarde, el dulce olor del *panchamritam* todavía impregnaba las manos de todos. Este suceso tuvo un gran impacto en muchos de los aldeanos. Se convencieron de que Sudhamani no era una persona corriente. Comprendieron que se trataba de una *mahatma*, una gran alma.

Años más tarde, cuando Sudhamani hablaba del comienzo del Krishna bhava, dijo: "Podía saberlo todo sobre todos. Era plenamente consciente de que yo misma era Krishna, no sólo durante el Krishna bhava, sino también en todos los demás momentos. Cuando veía a la gente y me percataba de su sufrimiento, me daban mucha pena. Sabía cuáles eran los problemas de cada uno sin necesidad de que me los contaran".

A partir de entonces, Sudhamani aparecía frecuentemente en Krishna bhava a la orilla del mar. Al principio, cuando Sudhamani estaba en Krishna bhava se tumbaba sobre la rama de un baniano que crecía al lado de la playa. La rama en la que se tumbaba era muy fina y frágil, pero nunca se rompió porque Sudhamani podía volverse ligera como una pluma.

Este lugar santo se convirtió en otro Vrindavan, el hogar del Señor Krishna. Durante cada Krishna bhava, todos los devotos se sentaban delante de Sudhamani y cantaban himnos a Krishna mientras ella bendecía a todos los que se le acercaban. El ambiente estaba lleno de alegría divina.

Las noticias sobre el maravilloso Krishna bhava se extendieron con rapidez. La gente empezó a llegar de todas partes, de todo Kerala y distintas partes de la India para ver a Sudhamani. Muchos venían en busca de ayuda porque, por un motivo u otro, estaban sufriendo. Algunos estaban enfermos, otros eran muy pobres o tenían otros problemas. Pero, fueran sus problemas los que fueran, todos descubrían que, cuando se acercaban a Sudhamani, estos desaparecían misteriosamente. Los que se acercaban a ella la rendían culto y la adoraban, pero ella era tan humilde que, nunca, ni por un momento, se creía alguien importante.

 Los días en los que no había Krishna bhava, Sudhamani seguía trabajando en casa y cuidando de su familia. Sin embargo, cada vez se le hacía más difícil trabajar porque, a menudo, se sumergía en un estado de éxtasis.

 Sus padres decidieron que ya era hora de que su hija se casara. Pero Sudhamani se negaba. No tenía la menor intención de casarse. Sus padres intentaron presentarle a varios jóvenes, pero ella no quería tener nada que ver con ellos. Cada vez que sus padres traían a un posible novio a casa, Sudhamani fingía que estaba loca. Gritaba y chillaba e intentaba parecer lo más amenazante que podía hasta que el joven y su familia se asustaban tanto, que salían corriendo. Al final, sus padres fueron a un astrólogo que no sabía nada de Sudhamani. Miró su horóscopo y les dijo que su hija era un alma divina y que ni se les ocurriera pensar en casarla. Así que sus padres abandonaron la idea de buscarle un marido.

Capítulo 6

Los milagros de Sudhamani

En una ocasión, una gran multitud se había congregado para el Krishna bhava cerca del baniano, cuando, de repente, empezó a llover. En los alrededores no había donde resguardarse de la fuerte lluvia, así que la gente permaneció de pie al lado del árbol dispuesta a empaparse hasta los huesos. Pero, para su asombro, se dieron cuenta de que, a pesar de que a su alrededor llovía a mares, en el lugar donde ellos estaban no caía ni una gota.

En la playa había una cobra venenosa que estaba asustando a la gente, especialmente por la noche. Los aldeanos veían a menudo a la serpiente y todos tenían miedo de pasear por la playa después del anochecer. Algunos de los aldeanos se acercaron a Sudhamani durante el Krishna bhava y le pidieron que los ayudara.

Una tarde, durante el Krishna bhava, la cobra apareció de repente junto al baniano. Cuando la gente vio a la serpiente, salieron corriendo y se quedaron a una distancia segura. Sin embargo, Sudhamani no demostró tener miedo alguno. Cogió la cobra, la sostuvo delante de la cara y empezó a tocar la oscilante lengua de la cobra con su propia lengua. Después, soltó a la serpiente. Esta se fue deslizándose, y los aldeanos no volvieron a verla.

En otra ocasión, los hijos de la Madre Mar, como se les llamaba a los pescadores, estaban pasando hambre porque llevaban varios días sin pescar nada. Acudieron a Sudhamani durante el Krishna bhava y le contaron su problema. Sudhamani se apiadó de ellos. Pocos días después, bailó en la playa en estado de éxtasis. Para gran alegría de los pescadores, un inmenso banco de peces nadó justo hasta la orilla. Nunca antes en la historia del pueblo los pescadores habían cogido tantos peces como aquel día. Fueron tres las veces en las que Sudhamani llamó los peces a la orilla cuando los pescadores le pidieron ayuda. Después, dejo de ayudarles así porque quería que sintieran verdadera devoción a Dios y no que rezaran sólo cuando necesitaban peces.

¿Qué pensaban los padres de Sudhamani de todo esto? Ellos le permitían seguir con el Krishna bhava porque creían que Krishna realmente acudía a ella en esa ocasión y se volvía parte de ella. Pero pensaban que esto sólo ocurría en Krishna bhava y que, el resto del tiempo, ella no era más que una chica loca. Se negaban a creer que Sudhamani fuera una con Krishna en todo momento o que Sudhamani fuera una gran alma.

A Sugunanandan no le gustaba que el Krishna bhava se celebrase en la playa, justo al lado de la carretera. Pensaba que no estaba bien que su hija estuviera en un lugar así, donde toda clase de personas iban y venían por el camino. Una noche, durante el Krishna bhava, estaba muy disgustado por esto. Sudhamani le dijo:

-En ese caso, dame un lugar donde pueda recibir a mis devotos. Si no hay otro lugar, el establo servirá.

A su padre le gustó la idea y aceptó de buen grado.

Sugunanandan reconstruyó el establo. Puso un suelo de cemento y dividió el establo en dos partes. Las dos partes estaban separadas por un muro que sólo llegaba a media altura del techo. Las vacas vivían a un lado y, al otro, construyó un pequeño templo para Sudhamani. Estando de pie en el templo se podían ver las vacas al otro lado del muro. Para decorarlo, cubrieron las paredes del templo con hojas de palmera trenzadas.

Sudhamani empezó a celebrar el Krishna bhava en el templito. Los devotos le trajeron una hermosa corona de plata con una pluma de pavo real -la corona de Krishna- que querían que ella se pusiera. Durante su estado divino, Sudhamani permanecía de pie en el templo apoyando un pie en una pequeña banqueta mientras la gente entraba, uno tras otro, para recibir su bendición. El rostro de Sudhamani resplandecía de poder divino. Era justo igual que el travieso Krishna, con un irresistible y dulce brillo en los ojos. A menudo le tomaba el pelo a la gente y la hacía reír. Todos se sentían muy alegres en su presencia. Mientras permanecía allí, dando *darshan*[1] a todos, a menudo estiraba el brazo por encima del muro y posaba su mano sobre el cálido lomo de una de las vacas que había al otro lado.

Subhagan odiaba el nuevo templo. No soportaba el extraño Krishna bhava de su hermana. Ardía de cólera al ver cómo la gente se acercaba a ella y cómo la adoraba.

En el pequeño templo, había una lámpara de aceite[2] que siempre estaba encendida durante el Krishna bhava. Un día, Subhagan rompió la lámpara y derramó todo el aceite que se usaba en ella. Justo antes del siguiente Krishna bhava, algunos devotos entraron al templo y descubrieron la lámpara rota en el suelo. Era la única lámpara que tenían. Cuando Sudhamani entró en el templo y vio lo disgustados que estaban, les dijo que fueran a la playa a coger unas cuantas conchas. Las iba a utilizar como lámparas de aceite. Pero no había más aceite y no se puede encender una lámpara de aceite sin aceite. Sudhamani les pidió a los devotos que llenasen las conchas de agua, que pusieran mechas en las conchas llenas de agua y que las encendieran. Hicieron como les había dicho y ocurrió un milagro. Las "lámparas de aceite" ardieron con fuerza y siguieron encendidas durante toda la noche, ¡a pesar de que estaban llenas de agua en lugar de aceite!

Unos días más tarde, un devoto que no sabía nada de lo ocurrido trajo dos lámparas de aceite nuevas y se las dio a Sudhamani.

---

[1] *Darshan* significa ver o estar en presencia de un ser sagrado.
[2] En los templos y hogares indios, es tradición encender una lámpara de aceite ante el altar. Esta práctica, que se lleva a cabo durante cualquier actividad espiritual, simboliza que la oscuridad se desvanece.

Los milagros de Sudhamani

Dijo que había tenido un sueño, y en el sueño alguien le había dicho que comprase dos lámparas de aceite para regalárselas a Sudhamani.

Las noches en las que no había Krishna bhava, Sudhamani se sentaba afuera y meditaba bajo el cielo estrellado. Desde niña le había gustado la quietud de la noche. Entonces podía estar a solas en su estado divino y podía meditar y bailar en éxtasis sin que nadie la viera.

Pero había algunos habitantes del pueblo que no creían en Dios y que estaban en contra de Sudhamani. Su padre temía que alguna noche que estuviera meditando sola fuera vinieran a hacerle daño. Cada vez estaba más preocupado hasta que, al final, le dijo:

-Hija, por la noche deberías entrar a casa a dormir.

Pero Sudhamani le contestó:

-Padre, yo no tengo casa. Prefiero dormir fuera. Dios está en todas partes. Está dentro de mí y todo a mi alrededor. Así que no hay nada de que preocuparse. Si alguien intenta hacerme daño, Dios me protegerá.

Capítulo 7

La hija de la Madre Divina

Un día, Sudhamani estaba sentada en casa, a solas. Tenía los ojos abiertos pero no miraba nada de la habitación. Estaba meditando en la Verdad Suprema. De repente, una resplandeciente bola de luz roja apareció ante ella. Era del color de la puesta de sol más gloriosa, pero mucho más brillante. Sin embargo, a pesar de que la luz brillara tanto, era suave y delicada como la luz de la luna. Delante de esta maravillosa luz, la Madre Divina se le apareció a Sudhamani. La Madre Divina era más bella que cualquier persona que hubiera visto. En la cabeza llevaba una brillante corona. Miró a Sudhamani con infinito amor y le sonrió. Entonces, tan repentinamente como había llegado, se fue. Esta maravillosa visión le emocionó tanto a Sudhamani que se puso a gritar:

-¡Oh, Krishna, ha venido mi Madre! ¡Por favor, llévame a Ella! ¡Deseo tanto abrazarla!

En ese momento, Krishna acudió a Sudhamani. La elevó y la llevó a diferentes mundos. Sudhamani vio cosas extrañas y maravillosas, pero no vio a la Madre Divina por ningún lado. Gritó como si fuera una niña pequeña:

-¡Quiero ver a mi Madre! ¿Dónde está mi Madre?

Como no la encontró, se echó a llorar.

Después de esta experiencia, Sudhamani permaneció en un estado de éxtasis durante mucho tiempo. Sentía un intenso anhelo de ver de nuevo a la Madre Divina. Quería volver a ver el hermoso rostro y la amorosa sonrisa de su Madre. El amor de la Madre Divina era indescriptible y Ella irradiaba una luz tan gloriosa que Sudhamani se quedó atónita. A partir de entonces,

Sudhamani no podía pensar más que en su Madre. Su corazón corría tras la Madre Divina.

El Krishna bhava de Sudhamani siguió celebrándose en el pequeño templo pero, aparte de eso, pasaba todo el tiempo meditando en la Madre Divina. De día y de noche, su corazón ardía de anhelo.

Hasta entones, Sudhamani había seguido ayudando con las tareas domésticas los días que no había Krishna bhava. Pero ahora su mente estaba tan concentrada en la Madre Divina que ya no podía hacer ningún trabajo normal. Apenas podía ocuparse de sí misma. Ni siquiera era capaz de comer. Durante muchos meses sólo se alimentó de hojas de tulasi[1] y agua.

Igual que antes Sudhamani había sentido que Krishna estaba en todas partes, ahora sentía que la Madre Divina estaba en todo lo que la rodeaba. La tierra entera era su Madre, y el viento era el aliento de su Madre. Andaba sin rumbo fijo y hablaba con los árboles, las flores, los pájaros y los animales. Se tumbaba en el suelo y se revolcaba como una niña pequeña, gritando: "¡Madre! ¡Madre! ¿Dónde estás? Pero, Madre, tú estás en todas partes, así que, ¿dónde no estás?"

Un día, Sudhamani estaba en el templo y acababa de meditar. De repente, tuvo el abrumador sentimiento de que toda la naturaleza era su propia Madre y que ella misma era una niña pequeña, la hija de la Madre Divina. Salió del templo a gatas, como un bebé, y se acercó a un cocotero. Se sentó al lado del árbol y empezó a gritar:

-¡Madre! ¡Madre! ¿Por qué te escondes de mí? Sé que te escondes en este árbol. Estás en todas las flores y las plantas. Estás en los pájaros y los animales. El mundo entero eres tú. ¡Oh, Madre, sé que te escondes en las olas del océano y en el viento! ¡Madre, no puedo encontrarte!

---

[1] La planta de tulasi, de la misma familia que la albahaca, se considera sagrada.

De repente, sintió que su amada Madre estaba allí mismo, con ella. Se acurrucó contra su Madre y la abrazó muy fuerte. Sudhamani no sabía que estaba abrazando la palmera.

A veces, Sudhamani se tumbaba en el suelo y miraba el cielo. Los negros nubarrones de tormenta ya no le recordaban a Krishna. Cuando miraba las nubes, veía el largo y rizado cabello de su Madre ondeando por el cielo. Y, en los días claros, el sol era la bella y radiante luz de su Madre. Todas las cosas del cielo le recordaban a la Madre Divina. A veces, por las noches, cuando se tumbaba en el suelo y miraba la inmensidad del cielo, llena de luz de luna y relucientes estrellas, sentía que el cielo entero era su Madre. Cuando estaba tumbada en el suelo, nunca dormía. Sólo rezaba y lloraba por su Madre. Las lágrimas no dejaban de correrle por la cara. Quería fundirse con su Madre. Anhelaba derretirse en ella, igual que una gota de lluvia que cae al océano se hace una con él.

Sudhamani tenía un *mantra*[2] que no dejaba de repetir. No se lo había dado ningún guru; se lo había inventado ella. Su *mantra* era "Amma, Amma, Amma…" (Madre, Madre, Madre…). Nunca daba un solo paso sin decir su *mantra*. Si alguna vez se le olvidaba decirlo al dar un paso, inmediatamente daba un paso hacia atrás y decía "Amma." Sólo entonces se permitía seguir adelante. A veces, Sudhamani iba a nadar a los *backwaters*. Antes de zambullirse en el agua, decidía cuántas veces tenía que decir el *mantra* antes de volver a la superficie. Si había algún momento en el que no pensase en la Madre Divina, se sentía muy afligida y confesaba: "Madre, ¡he perdido mucho tiempo!" Para recuperar el tiempo perdido, aquel día meditaba más de lo habitual. Si se

---

[2] Un mantra es o un nombre de Dios o unas palabras sagradas que se repiten constantemente, día tras día, sin importar lo que se esté haciendo. Si repetimos el mantra constantemente, se despertará el poder espiritual que hay en nuestro interior y nos haremos uno con Dios.

saltaba una meditación, pasaba toda la noche fuera, caminando de aquí para allá, repitiendo su *mantra* y rezando: "Madre, ¿de qué sirve esta vida si no puedo meditar en ti? Oh, Madre, ¡dame fuerza! ¡Déjame verte! ¡Déjame fundirme contigo!"

Si alguien se le acercaba y empezaba a hablarle, imaginaba que esa persona era la Madre Divina que estaba ante ella. Esa persona seguía hablando hasta que se daba cuenta de que Sudhamani había entrado misteriosamente en otro mundo.

A menudo, por las mañanas, cuando empezaba a cepillarse los dientes, no podía terminar de hacerlo porque de repente su mente se iba volando hacia la Madre Divina y se olvidaba por completo de lo que estaba haciendo. Entonces, podían pasar horas hasta que volvía a ser consciente de lo que la rodeaba. Todavía le resultaba más difícil bañarse. Cuando entraba al cuarto de baño, solía descubrir que se había olvidado la toalla. Y, después de ir a por ella, se daba cuenta de que también había olvidado el jabón o alguna otra cosa. Entonces, pensaba: "Madre, ¡estoy malgastando todo este tiempo intentando darme un simple baño! En lugar de eso, permite que mi mente esté siempre en ti. Me siento muy triste cuando me olvido de ti incluso durante un segundo." Entonces, decidía olvidarse del baño. En su lugar, se sentaba en el suelo del cuarto de baño y pronto entraba en un estado de meditación profunda. Horas más tarde, alguien de la familia la encontraba allí sentada. Para sacarla de la meditación, le echaban un cubo de agua fría por la cabeza. ¡Después de todo, al final, acababa bañándose! Si el agua fría no servía de nada, la sacudían muy fuerte. A veces, la tenían que sacar en brazos del cuarto de baño.

Lo que más le gustaba a Sudhamani era bajar a la playa y meditar al lado del mar, en mitad de la noche, cuando todo estaba silencioso y tranquilo. Las olas que rompían en la orilla entonaban su interminable canción: Om Om Om. El cielo azul oscuro destellaba con millones de parpadeantes estrellas. Todo le recordaba a su Madre Divina. Sólo tardaba un momento en entrar en un profundo estado de meditación, con la mente descansando satisfecha en el regazo de la bella Madre del Universo.

En noches así, si su padre la estaba buscando se preocupaba mucho cuando no la encontraba ni dentro de casa ni en ningún lugar fuera de ella. Al final, bajaba a buscarla a la playa. Solía encontrarla allí en meditación profunda, sentada inmóvil como una roca.

Incapaces de comprenderla, la familia de Sudhamani seguía pensando que no era más que una muchacha loca; pero en realidad se encontraba en un estado de suprema devoción. Anhelaba a la Madre Divina tanto como una persona sostenida bajo el agua anhela el aire. Amaba a la Madre Divina más que a su propia vida.

Subhagan seguía maltratando a Sudhamani. Un día, cuando ella iba a entrar en casa, la detuvo en la puerta y gritó:

-¡Te prohíbo que entres en esta casa! Sólo cuando dejes de bailar y cantar de esa forma tan vergonzosa, te dejaré volver a entrar.

Como Sudhamani pensaba que todo lo que le ocurría era la voluntad de la Madre Divina, pensó que esta también debía ser su voluntad. Así que se fue de la casa sin decir palabra y se sentó en el patio delantero. Pero Subhagan le ordenó que tampoco se sentara allí. Entonces, Sudhamani cogió un puñado de arena y se lo dio a su hermano diciendo:

-Si esta arena te pertenece, por favor, dime cuántos granos hay.

A partir de entonces, vivió fuera sola.

Día y noche, seguía anhelando a la Madre Divina. Nada más le importaba. Igual que una niña pequeña, con las lágrimas corriéndole por la cara, estiraba los brazos hacia el cielo, como si quisiera coger a su Madre. Lloraba y le suplicaba que viniera a ella.

-Oh, Madre gritaba-, ¿dónde estás? ¿Me has dejado aquí para que muera de anhelo? Tú eres mi única esperanza. ¿Me has

abandonado como han hecho todos los demás? ¿No ves cuánto estoy sufriendo?
Cuando los niños de la vecindad la veían llorar, se le acercaban y le preguntaban:
-Hermana mayor, ¿por qué lloras? ¿Te duele algo?
Se sentaban cerca de ella y, como la querían tanto y no soportaban verla tan triste, ellos también se echaban a llorar. Al final, adivinaron el porqué del llanto de Sudhamani: era porque quería ver a la Madre Divina. De modo que las niñitas se pusieron unos saris y fueron donde ella estaba, fingiendo ser la Madre Divina. Sudhamani las abrazó al verlas vestidas así. Para ella no eran niñas. Para ella eran la propia Madre Divina.

El anhelo de Sudhamani por la Madre Divina se hizo tan intenso que ya no podía pensar en nada más. No se ocupaba de sí misma ni se daba cuenta de nada de lo que pasaba a su alrededor. Ya no distinguía el día de la noche. Se tumbaba en el suelo en un estado de profunda meditación. No se daba cuenta de cuando el sol abrasaba o cuando llovía a cántaros. No dormía y nunca pensaba en la comida.

Igual que Sudhamani estaba a veces en Krishna bhava, ahora se encontraba en el bhava (estado de ánimo) de una niña de dos años, la hija de la Madre Divina. Sudhamani lloraba por su Madre como si fuera una niña pequeña. Otras veces, se reía y aplaudía. Se revolcaba por el suelo e intentaba abrazar la tierra. Se iba a los *backwaters* e intentaba besar las ondas del agua. Nunca dejaba de gritar: "¡Madre! ¡Madre!"

Un día, unos devotos fueron a visitar a Sudhamani. La encontraron tumbada en el suelo cerca de los *backwaters*, inconsciente del mundo que la rodeaba. Su mente se encontraba completamente absorta en la Madre Divina. Tenía la cara y el pelo llenos de arena y en las mejillas estaban las marcas de sus interminables lágrimas. A los devotos se les partió el corazón al verla allí tumbada. Fueron a decírselo a su padre, pero Sugunanandan no quería oír hablar de ella. Les entristeció mucho ver que nadie de su familia se ocupaba de ella. La metieron en la casa y la tumbaron sobre una cama sin saber que era la de Subhagan. La limpiaron e intentaron en vano traerla de nuevo a la conciencia externa. Después la dejaron allí para que descansara cómodamente.

Cuando Subhagan llegó a casa un poco más tarde y encontró a su hermana tumbada en su cama, le dio un ataque de cólera y gritó:

-¿Quién ha puesto a esta desgraciada en mi cama?

Sacudió la cama con tanta fuerza que la rompió en pedazos. Pero Sudhamani no se enteró de nada. Se quedó tranquilamente tumbada entre los restos de la cama. Más tarde, cuando Sudhamani descubrió lo que había pasado, no se inmutó. Simplemente, dijo:

-Todo lo que sucede es voluntad de Dios, y siempre es para lo mejor.

Al día siguiente, un devoto, que era carpintero y que no sabía nada de lo que había pasado el día anterior, fue a ver a Sudhamani con una cama, una mesa y unas sillas. Le contó que había tenido un sueño en el que el Señor Krishna se le había aparecido y le había ordenado que llevase los muebles como regalo para Sudhamani.

Capítulo 8

Amigos leales

Los pájaros y los animales salvajes se sentían muy atraídos por Sudhamani. Podían percibir su amor hacia todas las criaturas de Dios, desde la más pequeña hormiga a un ser humano. Hasta los animales más asustadizos confiaban en ella instintivamente y no le tenían miedo alguno.

Ahora que Sudhamani vivía fuera de su casa, los animales eran los que la cuidaban y eran sus amigos. Su familia prácticamente la había abandonado y se oponía a su vida espiritual; pero los animales la adoraban y hacían todo lo que podían para que estuviera lo más feliz y cómoda que fuera posible. Hiciera el tiempo que hiciera, siempre estaban a su lado para protegerla. Parecía que los animales la comprendían mucho mejor que cualquier ser humano lo hubiera hecho nunca.

A Sudhamani le gustaba meditar en el pequeño templo todos los días. Siempre que salía del templo, una de las vacas de la familia se acercaba a ella para alimentarla con su propia leche. Sudhamani pensaba que la Madre Divina debía de haberlo dispuesto así. Así que bebía la leche directamente de la ubre, como un ternero. Gracias a la vaca, no pasó ni hambre ni sed. El animal amaba tanto a Sudhamani que se negaba a comer hierba o a alimentar a su propio ternero antes de dar a Sudhamani su ración de leche diaria. Esto enfurecía a la familia de Sudhamani. La vaca iba al templo todos los días y se quedaba allí, esperando pacientemente a Sudhamani. Los padres de Sudhamani intentaron llevarse a la vaca del templo varias veces, pero esta no estaba dispuesta a moverse. Incluso le tiraban de la cola y le echaban cubos de agua; pero, hicieran lo que hicieran, la vaca no se movía ni un centímetro. A veces, la vaca se animaba y corría juguetonamente alrededor de las palmeras mientras la enfadada familia la perseguía; pero no podían atraparla. Entonces, volvía corriendo donde estaba Sudhamani para darle de comer. Y, tan pronto como Sudhamani había recibido su leche, a la vaca ya no le importaba que se la llevasen.

El tío de Sudhamani vivía cerca de la casa de la abuela de esta. Un día, se dio cuenta de que una de las vacas se había escapado y corría hacia el mar. En la playa giró bruscamente a la derecha y empezó a trotar a toda velocidad por la orilla del mar mientras el tío de Sudhamani la perseguía. La vaca corría tan rápido que no podía atraparla. Al final, giró tierra adentro y corrió directamente hacia Parayakadavu, donde nunca antes había estado. Fue derecha a la propiedad de Idammanel, donde Sudhamani estaba sentada fuera, absorta en meditación. La vaca se acercó a ella, la acarició suavemente con su blando hocico y la lamió. Pero Sudhamani estaba en meditación profunda y no se enteró de nada. Entonces, la vaca se tumbó cerca de Sudhamani mirándola fijamente, como esperando que saliera de la meditación. Después de un rato, Sudhamani abrió los ojos y, en cuanto vio a la vaca, se levantó y caminó hasta el animal. En ese momento, la vaca levantó una de sus patas traseras, invitando a Sudhamani a beber su leche. Sudhamani tenía mucha sed y bebió felizmente de la vaca. Su tío, que había estado observando toda la escena, se quedó maravillado. Aquel día comprendió que Sudhamani no era una persona corriente.

La vaca fue a visitar a Sudhamani varias veces, y en cada ocasión le ofreció su leche.

Incluso las serpientes se sentían atraídas por ella. En numerosas ocasiones una serpiente se acercó y se enroscó alrededor del cuerpo de Sudhamani cuando estaba sentada al aire libre en profunda meditación. Se le acercaban hasta las serpientes venenosas, pero siempre de manera amistosa y sin hacerle daño. Sólo querían estar cerca de ella.

Los pájaros salvajes eran completamente dóciles en presencia de Sudhamani. A ella le gustaban sobre todo los loros salvajes, porque se decía que tenían una relación especial con la Madre Divina. A veces, cuando rezaba "Oh, Madre, ¿es que no vas a venir?", una bandada de loros llegaba volando y se posaba en el suelo, cerca de ella. Un día, un devoto le regaló a Sudhamani un loro enjaulado. Pero Sudhamani no soportaba la idea de tener un ser vivo enjaulado, así que dejó libre al pájaro. Sin embargo, este no se fue volando. Eligió quedarse con Sudhamani. La gente lo solía ver jugando a su alrededor, como si estuviera bailando. Un día que Sudhamani estaba rezando a la Madre Divina, se puso a llorar. De repente, miró hacia arriba y vio que el loro estaba delante de ella. El loro también estaba llorando. El pájaro podía sentir la tristeza de Sudhamani, y eso lo apenó también a él.

Aparte del loro, había dos palomas a las que también les gustaba estar cerca de Sudhamani. Cada vez que ella le cantaba a la Madre Divina, las dos palomas y el loro se acercaban y se ponían delante de ella. Mientras cantaba su canción, bailaban alegremente, abriendo las alas y saltando de un lado a otro.

En lo alto de una palmera, cerca de la casa, había un nido de águila con dos aguiluchos. Un día, el nido cayó al suelo y se deshizo. Los dos aguiluchos quedaron indefensos en el suelo. Algunos niños empezaron a tirarles piedras intentando matarlos. En ese momento llegó Sudhamani y los salvó. Construyó un pequeño refugio para los pájaros y los atendió cuidadosamente. Pocas semanas más tarde, ya estaban lo suficientemente fuertes como para empezar a volar y Sudhamani los dejó libres. Durante mucho tiempo, las dos águilas solían aparecer al comienzo de cada Krishna bhava, posadas en el tejado del templo.

Se dice que el águila, Garuda, es el vehículo del Señor. Así que ahora Sudhamani tenía *dos* Garudas durante el Krishna bhava. A los devotos les encantaban las águilas y las buscaban con ilusión al comienzo de cada Krishna bhava.

A menudo, Sudhamani lloraba tanto por la Madre Divina que perdía completamente la conciencia del exterior. Cuando esto ocurría, los dos Garudas llegaban volando y se posaban a su lado. Se quedaban vigilándola, como si la estuvieran protegiendo. Un día, unas mujeres del vecindario que pasaban cerca caminando vieron a Sudhamani tendida inconsciente en el suelo con los dos Garudas cerca de ella, mirándola fijamente a la cara. Las mujeres se quedaron atónitas al ver que las águilas estaban llorando como seres humanos. Las dos águilas amaban tanto a Sudhamani que no soportaban verla sufrir.

Otro día, cuando acababa de meditar, a Sudhamani le entró mucha hambre. Inmediatamente, una de las águilas voló hacia el mar y, a los pocos minutos, volvió con un pez en sus garras. Lo dejó caer con suavidad en el regazo de Sudhamani. Como esta tenía tanta hambre, lo cogió y se lo comió crudo. A partir de entonces, el águila cogía un pez para ella todos los días. Damayanti se enteró enseguida de esto. Como no le gustaba la idea de que su hija comiera pescado crudo, cada vez que el águila llegaba con su ofrenda diaria, le arrebataba el pez y lo freía para su hija. Antes de esto, cuando Sudhamani adoraba a Krishna, nunca comía pescado. Pero ahora estaba convencida de que era la propia Madre Divina la que enviaba el águila a coger los peces para ella. Por lo que a Sudhamani concernía, el pescado era comida sagrada que le daba la diosa, y por eso se lo comía. El águila siguió pescando para Sudhamani durante mucho tiempo.

También un gato venía para estar con ella. Solía entrar al templo durante el Krishna bhava y caminaba alrededor de Sudhamani describiendo un círculo perfecto, igual que la gente camina en círculo alrededor de las imágenes de los dioses y las diosas de los templos hinduistas. Después, el gato se sentaba junto a ella, totalmente indiferente a las personas que había en el templo. Se quedaba allí sentado durante mucho tiempo, con los ojos cerrados. Todos pensaban que el gato estaba meditando. Un día, alguien intentó deshacerse del gato llevándolo al otro lado de los *backwaters* y dejándolo allí; pero al día siguiente el gato volvió, probablemente nadando. Siguió estando cerca de Sudhamani.

Un gran perro blanco y negro era un fiel amigo de Sudhamani. El perro la adoraba. Cada vez que ella lloraba por la Madre Divina con tanta intensidad que perdía completamente la conciencia exterior, al perro se le partía el corazón y empezaba a gemir muy fuerte. Se restregaba contra ella y le lamía la cara intentando despertarla. Y, cuando ella tenía que cruzar los *backwaters* para ir a alguna parte, al perro le afectaba mucho. Entonces, ladraba fuerte para protestar e intentaba impedir que se fuera tirándole de la falda.

De vez en cuando, el perro aparecía con un paquete de comida en la boca que dejaba a los pies de Sudhamani. Nadie sabía de dónde venía el paquete y el perro nunca comió un solo grano de arroz de la comida. Por las noches, dormía a su lado. Cuando Sudhamani se tumbaba en el suelo a mirar el cielo, apoyaba la cabeza en el lomo del perro, usándolo de almohada.

Cada vez que un devoto hacía una reverencia ante Sudhamani, en señal de respeto, al perro blanco y negro le gustaba estirar las patas delanteras y bajar la cabeza, como si también él se inclinase ante ella. Y cuando Sudhamani bailaba en un estado de éxtasis devocional, el perro saltaba alegremente a su alrededor, como si él también estuviera bailando. Siempre que en el templo se tocaba la concha sagrada, el perro aullaba y conseguía emitir casi el mismo sonido que la concha.

Amigos leales

Una noche, Sudhamani estaba meditando en la orilla de los *backwaters*, cuando pasó su padre. Sudhamani estaba sentada completamente inmóvil. Se encontraba en un estado de meditación tan profundo que no se daba cuenta de que tenía el cuerpo cubierto de una gruesa capa de mosquitos. Su padre la estuvo llamado durante un tiempo, intentando sacarla de la meditación; pero tenía la mente muy lejos y no podía oírle. Entonces, empezó a sacudirla violentamente, como acostumbraba a hacer la familia. Pero por muy fuerte que la sacudiera no podía hacerla volver. Mientras la sacudía, se sorprendió al darse cuenta de que no parecía pesar más que una ramita. Se sentó a su lado. Un poco después el perro blanco y negro se acercó a Sudhamani y le ladró, como si intentase llamar su atención. Pocos minutos más tarde, Sudhamani abrió los ojos y volvió a la normalidad. Era como si los animales pudieran captar siempre su atención, sin importar en qué mundo se encontrase.

El perro quería tanto a Sudhamani que, a veces, ella pensaba que era la propia Madre Divina. Cuando esto sucedía, Sudhamani se sentía como una niña pequeña. Abrazaba y besaba al perro y gritaba: "¡Madre! ¡Madre!"

Un día que Sudhamani estaba meditando, de repente se sintió muy inquieta. Se levantó y caminó rápidamente hasta el pueblo. Un perrero había atrapado a su perro y estaba a punto de llevárselo para matarlo. El perro gemía fuertemente, sin poder escaparse de la cadena del perrero. Mientras el hombre se lo llevaba, el perro arrastraba las patas por el suelo. Unas chicas del pueblo, que querían mucho a Sudhamani, reconocieron al perro y fueron corriendo. Le explicaron al hombre que el perro era de una amiga suya y le rogaron que lo dejara libre, pero este no les hizo caso. Incluso le ofrecieron dinero. Justo entonces, llegó Sudhamani. El perro la miró de una manera que daba lástima y empezó a derramar lágrimas como un ser humano. Esto ya fue demasiado para el perrero, que vio claramente cuánto la quería el perro y no tuvo más remedio que soltarlo. Algunas veces más, diferentes perreros capturaron al perro, pero Sudhamani siempre conseguía salvarlo en el último momento.

Un día, Sudhamani tuvo el fuerte presentimiento de que su amigo, el perro blanco y negro, estaba a punto de enfermar y morir. Eso es exactamente lo que pasó pocos días después. El perro cogió la rabia; pero apenas sufrió. Cuando a Sudhamani le preguntaron si estaba triste por la muerte de su perro, contestó:

—No estoy nada triste porque, aunque haya muerto, pronto volverá conmigo.

Algún tiempo después dijo que el alma del perro había vuelto a nacer en los alrededores. Pero ya no quiso decir nada más sobre el tema.

Una persona que es una con Dios ama a todas las criaturas de Dios, a todas sin excepción, porque puede ver claramente a Dios en todos. Cuando nuestro corazón está lleno de amor y compasión divinos, los animales se sienten atraídos como por un imán. Los leones y tigres salvajes se convierten en dóciles corderitos en nuestra presencia y las serpientes venenosas nunca soñarían con hacernos daño. Todas las criaturas de Dios se convierten en queridos amigos nuestros. Esto es lo que le pasaba a Sudhamani. Ella incluso podía entender el lenguaje de los animales. Cuando le hablaban, entendía todo lo que decían.

Capítulo 9

La Madre de la Dulce Felicidad

Ahora, Sudhamani sentía la presencia de la Madre Divina en todo lo que la rodeaba y percibía a su amada Madre dondequiera que mirase. Abrazaba los árboles y acariciaba las flores porque sentía que eran su Madre. Hablaba con ellos y los besaba. Cuando el viento soplaba en su pelo y su piel, sentía que la Madre Divina le estaba acariciando. La tierra era el regazo de su Madre. Se revolcaba por el suelo intentando abrazar a la tierra. A menudo miraba fijamente el cielo con una mirada ausente en el rostro. Nadie sabía lo que veía. De repente, se llenaba de una dicha tan intensa que reía y lloraba al mismo tiempo, sin poder parar.

Como la mente de Sudhamani estaba siempre en la Madre Divina, no dormía y apenas comía. Ya no podía ocuparse de su propio cuerpo pues tenía la mente en otro mundo. Cuando comía, a veces acababa comiendo hojas de té usadas, boñigas de vaca u otras cosas extrañas porque todo le sabía igual. No tenía ni idea de lo que tomaba. Una persona corriente no hubiera podido comer esas cosas sin caer enferma, pero gracias al estado divino de Sudhamani no le hicieron ningún daño.

La devoción de Sudhamani por la Madre Divina alcanzó su punto culminante. Su anhelo de ver a su Madre era tan intenso que, a menudo, lloraba durante horas y horas hasta que ya no aguantaba más y llegaba a un punto en el que perdía el conocimiento.

Un día, estaba tan triste que se puso a gritar:

—Oh, Madre, ¡no soporto el dolor de estar separada de ti! ¿Por qué no vienes? ¡No puedo vivir sin ti!

La Madre de la Dulce Felicidad

Muchos años más tarde, al recordar ese momento, dijo:
-Cada poro de mi cuerpo estaba completamente abierto por el anhelo. Cada átomo de mi cuerpo vibraba con el *mantra* sagrado. Todo mi ser corría hacia la Madre Divina como un río impetuoso. Sentía que el corazón estaba a punto de rompérsele de anhelo y gritó:
-¡Oh, Madre! ¡Tu hija te anhela muchísimo! ¿Por qué no vienes? Soy como un pez arrojado en tierra seca. ¿No te importo nada? Te he dado todo lo que tengo. Ahora, ya no tengo más que darte, excepto mi último aliento.

Con la voz entrecortada, cayó al suelo. Si no podía tener a la Madre Divina, no había nada más por lo que vivir. Le había ofrecido a la Madre todo lo que tenía y todo lo que era, todo su ser. Y ahora, le estaba dando a la Madre Divina su último aliento. Sudhamani dejó de respirar. Estaba a punto de morir.

Pero, entonces, de repente, ¡sucedió algo maravilloso! La Madre del Universo sabe todo lo que les pasa a sus hijos y no tenía la intención de dejar morir a Sudhamani. Por eso, en ese instante, a esta se le apareció la Madre Divina. La Madre Divina brillaba como un millón de soles. La alegría de Sudhamani no tenía límites. Una ola indescriptible de amor y felicidad inundaba su corazón y se elevó hasta las alturas de la conciencia de Dios. Después, escribió una canción intentando explicar cómo había sido. La canción se titula "El Sendero de la Felicidad."

Una vez
mi alma bailaba de placer
en el Sendero de la Felicidad.
Me encontré en un sueño dorado,
y mi mente se llenó
de todo lo que es bueno y noble.

Con manos suaves y luminosas,
la Madre Divina me acarició.
Yo incliné la cabeza y le dije a la Madre
que mi vida le pertenecía.

Amorosamente, la Madre me sonrió.
Se convirtió en una Luz Divina
y se fundió conmigo.
Mi mente floreció
brillando con todos los colores del arco iris.

Pude ver el mundo entero
y todo lo que ya ha ocurrido.
Vi que yo soy parte de todo
y todo es parte de mí.
Me alejé de los vanos placeres del mundo
y me fundí con la Madre Divina.

La Madre me dijo que pidiera a todos
que nunca olvidaran la razón por la que hemos nacido.
Por eso, le estoy contando al mundo entero
-sobre todo a los que están perdidos en la oscuridad-
la verdad que dijo la Madre:
"Hijos míos, venid a uniros conmigo."

Hoy, tiemblo de felicidad
al recordar sus palabras:
"Oh, querida hija mía,
¡Deja todo lo demás y
ven a mí!
Tú me perteneces para siempre".

Oh, Conciencia Pura,
Encarnación de la Verdad,

voy a hacer exactamente lo que me pides.
Oh, Madre, yo no sé nada.
Si he cometido algún error,
por favor, perdóname.

Por fin, Sudhamani se había hecho una con la Madre Divina. No sólo la gota de agua se había fundido con el mar, sino que la gota se había convertido en el propio mar. Ya no había ninguna diferencia entre Sudhamani y la Madre Divina. Sudhamani era la Madre Divina.

Por eso, a partir de ahora la vamos a llamar la Madre.

Ella era consciente de que estaba en todas partes en el universo entero. Más tarde, intentando explicarles esta experiencia a los devotos que le preguntaban, dijo: "Experimenté que la Madre Divina, en todas sus distintas formas, existe dentro de mí, y me di cuenta de que no soy diferente ni estoy separada de ella. En ese momento vi que toda la creación existe dentro de mí como una diminuta burbuja".

En aquella época, la Madre pasaba los días y las noches sola, en la calle, disfrutando de la dulce dicha del conocimiento del Yo.

Un día, oyó una voz que le decía:

-Hija mía, estoy en todos, no en un lugar especial. Tú no naciste sólo para disfrutar del estado de dicha. Has venido al mundo para ayudar a los que sufren. De ahora en adelante, adórame en todos y quítales el sufrimiento.

Desde ese momento, aparte del Krishna bhava, la Madre también aparecía en Devi bhava, el estado de la Madre Divina. Durante el Devi bhava se vestía con un colorido sari y llevaba una hermosa corona. En esa ocasión, permitía a la gente ver más su unidad con Devi, la Madre Divina.

Su corazón rebosaba amor y compasión. Igual que una madre ama a sus hijos, la Santa Madre amaba a todos; pero su amor era infinitamente más profundo e intenso que el amor de una madre corriente. Cuando la gente iba a verla, se arrodillaban ante ella y los abrazaba uno a uno. Empezaron a acudir miles de personas. Ella los bendecía, los consolaba y les quitaba su sufrimiento.

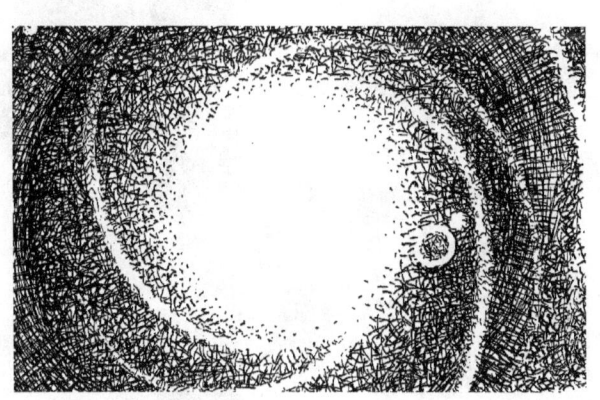

Capítulo 10

Los alborotadores

La familia de la Madre todavía no la comprendía. Pensaban que era horrible que fuera a verla tanta gente. Incluso pensaban que estaba dando mala reputación a la familia al mezclarse con tantas personas distintas. Por ese motivo, su hermano mayor, Subhagan, y algunos de sus primos decidieron matarla. Un día, fueron a verla y le dijeron que un pariente quería verla. Así que fue con ellos a la casa del pariente; pero allí no había nadie. Le habían mentido. Subhagan y sus primos la metieron en la casa. Uno de sus primos sacó un gran cuchillo que tenía escondido bajo la ropa. Subhagan le dijo a la Madre:

-¡Tu comportamiento ha ido demasiado lejos! Estás dando mala reputación a la familia. Como no vas a dejar de cantar, bailar y mezclarte con toda clase de gente, es mejor que mueras.

La Madre se rió de él y dijo:

-No temo la muerte. Antes o después, el cuerpo debe llegar a su fin; pero ni tú ni nadie puede matar mi verdadero Yo. Si vas a acabar con este cuerpo, te diré cuál es mi último deseo, y tu deber es concedérmelo. Quiero que me dejes meditar un rato y, entonces, cuando esté absorta en meditación, puedes matar este cuerpo.

La Madre estaba completamente tranquila. Se sentó, cerró los ojos y entró en un profundo estado de meditación. Su rostro irradiaba felicidad. Los hombres estaban tan sorprendidos por sus palabras y su rostro resplandeciente y sereno que no podían hablar.

De repente, el primo que sostenía el cuchillo corrió hacia adelante y dirigió el cuchillo contra el pecho de la Madre; pero antes de que pudiera herirla, se quedó rígido y sintió un terrible dolor en su propio pecho, justo en el lugar donde había intentado clavarle el cuchillo a la Madre. El dolor era tan fuerte que cayó al suelo. Al verlo, los demás se quedaron aterrorizados.

En ese momento llegó Damayanti. Había sentido que algo iba mal al ver a su hija salir de casa con Subhagan y sus primos y los había seguido. Cuando llegó a la casa, sintió que estaba pasando algo horrible. Gritó con todas sus fuerzas y golpeó la puerta hasta que, por fin, se abrió. Damayanti cogió de la mano a la Madre y rápidamente la sacó de la casa.

El primo que había levantado el cuchillo contra la Madre se puso muy enfermo y tuvo que ser hospitalizado. La Madre lo visitó en el hospital. No estaba enfadada con él; sólo sentía compasión. Lo consoló amorosamente y le dio de comer con sus propias manos. Cuando experimentó el amor y el perdón de la Madre, se arrepintió profundamente de lo que había hecho y se echó a llorar. Unos días después, murió.

Al poco tiempo, Subhagan enfermó gravemente de elefantiasis; pero incluso durante su enfermedad estaba lleno de odio y amenazaba a los devotos de la Madre. Poco tiempo después, se deprimió mucho por su enfermedad y se suicidó.

Sugunanandan y Damayanti estaban desolados; pero la Madre les dijo:

-No estéis tristes, pues Subhagan pronto volverá a nacer en esta familia.

Unos años más tarde, la hermana mayor de la Madre, Kasturi, se casó y tuvo un hijo llamado Shivan. La Madre dijo a su familia que Subhagan había vuelto a nacer como Shivan. La Madre colmaba de amor al niño. Él la adoraba desde el principio y estaba muy unido a ella. La compasión de la Madre era tan grande que había salvado el alma de su hermano, que siempre había sido tan cruel con ella y que había intentado hacerle daño.

Algunas personas del pueblo eran ateas y no creían en la Madre. Estaban tan en contra de ella que querían hacerle daño. Un día, fueron a un lugar donde la Madre se sentaba a menudo a meditar y esparcieron clavos afilados por el suelo. Sin embargo, extrañamente, aunque la Madre se sentó allí, no sintió el menor pinchazo. Los ateos se enfadaron tanto que algunos fueron a verla durante el Krishna bhava y, fingiendo ser sus devotos, le ofrecieron un vaso de leche envenenada. Aunque la Madre sabía que la leche estaba envenenada, la aceptó y se la bebió. Los hombres esperaban que cayese muerta; pero el veneno no podía hacerle daño. Poco después, la Madre se volvió en su dirección, vomitó la leche envenenada justo delante de ellos y siguió con el Krishna bhava como si nada hubiera pasado. Los ateos huyeron rápidamente de allí.

Los aldeanos hostiles se unieron a un gran grupo de ateos de varios pueblos vecinos y formaron un club llamado el Club Racionalista. Su objetivo era perjudicar a la Santa Madre. Querían hacer creer a la gente que era una farsante y que en absoluto era una santa. Propagaron rumores falsos sobre ella e incluso la calumniaron en los periódicos.

En aquel tiempo, durante el Devi bhava, la Madre salía del templo en el estado divino de la Madre Kali. Sostenía la espada y el tridente de la Madre Divina en sus manos y bailaba en estado de éxtasis. Una tarde, los racionalistas llevaron una cesta llena de puntiagudas espinas venenosas. Les dieron la cesta a unos niños y les dijeron que esparcieran las espinas por el suelo donde la Madre siempre bailaba. Les dijeron a los niños que tuvieran cuidado de no tocarlas. Aquella noche, cuando la Madre salió del templo, sabía lo que había pasado sin que nadie se lo contara. Advirtió a los devotos sobre las espinas y les pidió que no se movieran de donde estaban. La Madre empezó a bailar su danza divina, con el tridente y la espada en las manos. Era una danza como nunca antes habían visto. Les parecía que la propia Madre Kali, la destructora

Los alborotadores

de todo mal, estaba bailando ante ellos. Estaba bailando descalza en el porche que hay delante del templo. De repente, su espada cortó las cuerdas que sostenían algunos cuadros en la pared. Los cuadros cayeron al suelo con estrépito y los cristales rotos se esparcieron por todo el porche. Sin embargo, la Madre no hizo caso y siguió bailando. Bailaba sobre los cristales rotos como si estos fuesen suaves pétalos de flores.

Entonces, la Madre salió del porche del templo y fue directamente al lugar donde estaban esparcidas las espinas venenosas, y bailó sobre ellas.

Los racionalistas que habían ido a hacerle daño se quedaron atónitos al verla bailar sobre las espinas. Se quedaron allí esperando, suponiendo que sus pies iban a sangrar y se iban a cubrir de espinas. Estaban seguros que estaba a punto de desmayarse por el veneno; pero no pasó nada. Más tarde, cuando el Devi bhava hubo terminado, su preocupado padre se le acercó con algunas medicinas para ponérselas en los pies; pero descubrió que en sus pies no había el menor rasguño o pinchazo.

Un día los racionalistas enviaron a un brujo al Devi bhava. El brujo era famoso por su magia negra. En el pasado, había hecho daño a mucha gente y ahora iba a probar su mortífera brujería con la Madre. Le dio ceniza, fingiendo que le regalaba ceniza sagrada; pero en ella no había nada de sagrado. Era ceniza corriente que había envenenado con su magia negra. La ceniza era tan poderosa que podía matar fácilmente a la persona que la usara. En cuanto el brujo le ofreció la ceniza, la Madre supo lo que era, pero no dijo nada. La aceptó y se la frotó por el cuerpo. Pensaba: "Si es la voluntad de Dios que este cuerpo muera de esta manera, que así sea. Nadie puede escapar de la voluntad de Dios". El hombre estaba convencido de que la Madre moriría por su magia negra como muchos otros habían hecho; pero, para su sorpresa, no pasó nada. Poco tiempo después, el brujo enloqueció y acabó sus días loco y mendigando por las calles.

Los racionalistas no se dieron por vencidos. Incluso contrataron a un asesino, que fue al templito durante el Devi bhava con un cuchillo escondido entre la ropa. En cuanto la Madre lo vio, le sonrió amorosamente. Su sonrisa provocó un extraño efecto en él: cayó a sus pies suplicando que le perdonase por lo que había querido hacer. Salió del templo como un hombre nuevo. Al ver el cambio en él, los racionalistas lo insultaron; pero él, simplemente, les sonrió. Desde entonces fue devoto de la Madre.

Entonces los racionalistas acudieron a la policía y le contaron mentiras sobre la Madre, acusándola de delitos que nunca había cometido. Por eso, un día un grupo de policías se presentó ante la Madre para interrogarla. La Madre se rió al verlos y dijo:

–Por favor, arréstenme si así lo desean y enciérrenme en su cárcel. Al menos, allí podré estar sola y meditar todo el tiempo, y pensar en Dios. Si es la voluntad de Dios, que así sea.

Ella siguió riéndose alegremente mientras extendía sus manos ante ellos. Los policías se quedaron mudos de asombro. Cuando vieron el amor y la alegría que emanaban de su rostro, la mayoría comprendió que estaban ante una gran alma y se quedaron impresionados. Se postraron a sus pies y se sintieron bendecidos. Los policías se marcharon enseguida y nunca volvieron a dudar de la Madre. Así, los racionalistas habían vuelto a fracasar en su intento de hacerle daño.

La Madre, que lo sabía todo y podía ver el futuro, dijo que el Club Racionalista desaparecería pronto. Eso fue exactamente lo que ocurrió. Los miembros del club empezaron a discutir entre ellos. En algunos se había producido un cambio de actitud. Empezaron a creer en la Madre y se dieron cuenta de que habían cometido un terrible error. Esas personas se hicieron devotos suyos y, más tarde, dos de los líderes se casaron con hermanas de la Madre.

Los alborotadores

Cuando el padre de la Madre construyó el templito en el establo, nunca se imaginó que miles de personas acudirían a verla. Cada vez más gente llegaba a raudales durante el Krishna y el Devi bhavas y esto le disgustaba a Sugunanandan. No soportaba la idea de que se mezclara con tantos desconocidos. Como el resto de la familia, pensaba que le estaba dando mala reputación a la familia. Por lo que a él le concernía, la Madre era sólo su hija. También le preocupaba que, después de cada Devi bhava, el cuerpo de la Madre estuviera tan rígido como una estatua. Había que masajearla durante horas para que el cuerpo volviera a la normalidad.

Una tarde que estaba especialmente preocupado, se acercó a la Madre durante el Devi bhava. Años antes, ella le había dicho que sólo Dios era su verdadero padre y madre y, cuando habló con él en esta ocasión, lo llamó "padre adoptivo". Sugunanandan, que ya estaba de bastante mal humor por sus preocupaciones, casi explotó de ira al oírlo. Le gritó:

—¿Es que los dioses y las diosas tienen padres adoptivos? Diosa, ¡quiero que me devuelvas a mi hija!

La Madre le respondió:

—Si te devuelvo a tu hija, no tendrás nada más que un cadáver, y tendrás que enterrarlo.

La Madre quería decir que Sugunanandan sólo era el padre de su cuerpo, no el de su alma. Ella misma -el Yo eterno que nunca muere-, no le pertenecía a nadie. Así que, si él quería que le devolviera a su hija, sólo podría tener el cuerpo, nada más. Pero Sugunanandan no estaba dispuesto a escuchar. Exigió:

—Que la Madre Divina se vaya y vuelva a su casa. ¡Quiero que vuelva mi hija!

La Madre le dijo:

—Si eso es lo que quieres, aquí está tu hija. ¡Llévatela!

La Madre se desmayó y cayó al suelo. Todavía tenía los ojos abiertos, pero no se movía. El corazón dejó de latirle y el cuerpo se le puso rígido. Entre los devotos había un médico. Le tomó el pulso a la Madre, pero no había señales de vida. Le cerró suavemente los ojos y certificó su muerte.

La gente estaba desolada. Muchos lloraban. Otros se pusieron histéricos por la impresión. Al principio, Sugunanandan se quedó parado, totalmente desconcertado. No sabía qué hacer. Entonces, se dio cuenta de que su hija había muerto por su culpa. Estaba tan abrumado por el dolor que se desmayó.

Encendieron lámparas de aceite alrededor del cuerpo de la Madre. Todos habían perdido la esperanza. La gente estaba tan desconsolada que no podía hablar. Todo quedó en silencio alrededor del templo. Hasta la Madre Naturaleza estaba callada. No se oía ni una ola rompiendo en la orilla, ni el canto de un grillo, y el viento dejó de susurrar en los árboles.

Pasaron ocho horas, pero nadie se movió. Todos estaban sentados en silencio alrededor del cuerpo de la Madre. Entonces, Sugunanandan se levantó y lloró con fuerza. Las lágrimas corrían por su cara mientras gritaba:

-¡Madre Divina! ¡Te ruego que me perdones! No sabía lo que decía ¡Por favor, devuelve la vida a mi hija! ¡Perdóname! No volveré a decir nunca esas cosas.

Mientras rezaba, cayó al suelo llorando sin control.

De repente, alguien notó que el cuerpo de la Madre parecía moverse un poco. ¿Se lo habían imaginado o se movía de verdad? Lentamente, la Madre abrió los ojos y volvió a la vida. Estaba fuerte y completamente sana, como si no hubiera pasado nada. La alegría y el alivio de todos no tenían límites.

Desde ese día, se produjo un gran cambio en Sugunanandan. Por fin, comprendió que su hija era la propia Madre Divina. En adelante, dejó de intentar cambiarla y le permitió hacer cualquier cosa que ella deseara.

Capítulo 11

Abrazando al mundo

La Madre de la Dulce Felicidad

En 1975, cuando la Madre reveló por primera vez su unidad con Dios en la forma de Krishna y Devi, le dijo a su padre: -No le pidas nada a nadie. Todo vendrá a ti sin que tengas que pedirlo. Dios te bendecirá y te dará todo lo que necesites. En el futuro, este lugar llegará a ser un gran centro espiritual. Mis devotos vendrán aquí de todas partes del mundo. Miles de mis devotos se convertirán en tus propios hijos y tu familia para ti.

Poco después, el primer grupo de jóvenes indios dejó sus hogares y se fue a vivir con la Madre. Ella colmaba de amor a los *brahmacharis*[1] y los trataba como si fueran sus propios hijos. Bajo las alas de su guía amorosa empezaron a vivir una vida de renuncia. Su deseo de estar con ella era tan intenso que no se daban cuenta de que apenas había comida. Pasaban la mayor parte del tiempo al aire libre, durmiendo en el suelo desnudo, sin una esterilla siquiera. Todo lo que realmente necesitaban les llegaba sin que tuvieran que pedirlo, y lo compartían todo entre ellos. No tenían dinero. Cada vez que tenían que ir a alguna parte, caminaban, aunque se tratara de una gran distancia. Sólo tenían un juego de ropa cada uno, pero aprendieron a arreglárselas.

Un día, uno de los *brahmacharis* se sentía triste porque su único juego de ropa estaba sucio y desgastado. Se quejó a la Madre de su pobreza. Ella le dijo:

-No le pidas a Dios cosas tan pequeñas. Entrégate a sus pies y Él te dará todo lo que realmente necesites.

---

[1] Un brahmachari o brahmacharini es un/una estudiante espiritual que está siendo formado/a por un guru.

La Madre había vivido así y, por tanto, hablaba por propia experiencia. Al día siguiente, un devoto que no sabía lo pobres que eran trajo ropa nueva para todos los *brahmacharis*.

Como las circunstancias en el ashram eran difíciles en aquellos primeros días, los *brahmacharis* recibieron un entrenamiento completo en la renuncia. Para darles ánimo, la Madre solía decir:

-Si sois capaces de soportar el entrenamiento que recibís aquí, seréis capaces de sentiros en casa en todas partes. Si podéis superar estas situaciones difíciles, en el futuro os resultará fácil encarar cualquier dificultad.

Al principio, cuando el ashram de la Madre se empezaba a formar, uno de sus discípulos le dio el nombre "Mata Amritanandamayi Devi", por el que ahora se la conoce en todo el mundo. Sin embargo, la mayoría de la gente la llama "Amma", que significa "Madre".

La familia de la Madre comprendió poco a poco que ella era la propia Madre Divina y en ellos se produjo un profundo cambio. ¡Sugunanandan y Damayanti se preguntaban a menudo qué buenas obras habrían realizado en sus vidas pasadas para llegar a ser los "padres" de la Madre Divina!

Cuando a la Madre le preguntaron por qué había nacido en unas circunstancias tan difíciles, incomprendida, maltratada y rechazada por su propia familia y muchos de los aldeanos, la Madre respondió que había elegido nacer en esa situación para inspirar y alentar a la gente. Quería mostrar a la humanidad que se puede alcanzar el conocimiento de Yo a pesar de las circunstancias más difíciles que nos podamos imaginar.

La Madre también ha declarado que ella siempre se ha encontrado en el mismo estado de conciencia suprema; que siempre, incluso cuando era un bebé, era plenamente consciente de su unidad con Dios. Por eso, se cree que pasó esos primeros años de anhelo y lucha por la unidad con Krishna y con la Madre Divina para dar ejemplo a los demás.

Hoy en día, el lugar donde la Madre creció se llama Amritapuri. Y el hogar de la Madre se ha convertido en un ashram llamado el Mata Amritanandamayi Math, en el que la Madre entrena a cientos de hombres y mujeres que han elegido dedicar su vida a Dios y a servir a la humanidad. Para miles de familias, tanto en la India como en todo el mundo, el ashram es su hogar espiritual.

En el ashram, a menudo se le puede ver a la Madre trabajando con todos, llevando ladrillos y arena, cortando verdura, etc. Cuando hay que hacer algún trabajo sucio o difícil, la Madre no le dice a la gente: "Ve y hazlo." Es ella misma la que va y hace el trabajo. Enseguida, alguien se apresura a ayudar y, en poco tiempo, el trabajo está terminado.

La Madre siempre enseña a sus hijos con su propio ejemplo. Una vez, había un agujero en el tejado de una de las cabañas donde vivían los residentes de modo que, cuando llovía, había goteras en la cabaña. Los dos *brahmacharis* que debían reparar el tejado no hacían más que posponer el trabajo. No dejaban de repetir: "Mejor lo hacemos mañana", así que nunca lo hacían. La Madre se enteró de esto una mañana. Inmediatamente, fue a la cabaña, pidió una escalera, se subió al tejado con goteras y se puso a arreglarlo. Cuando los *brahmacharis* descubrieron lo que la Madre estaba haciendo, fueron corriendo. Le rogaron que se bajara del tejado para que pudieran arreglarlo, pero ella no quería ni oír hablar del tema. La Madre arregló el tejado ella sola mientras los dos *brahmacharis* la miraban, muy avergonzados de sí mismos. Después de aquello, los *brahmacharis* siempre hicieron el trabajo que les correspondía inmediatamente, sin dejarlo para "otro día."

En otra ocasión, una chica enferma que había ido al ashram vomitó sobre un sari. Una *brahmacharini*, que servía a la Madre y solía lavar su ropa, sintió tal repugnancia que cogió la tela sucia con un palo e iba a dársela a un lavandero. Cuando la Madre lo vio, le dijo:

—Si no puedes ver a Dios en todos y si no puedes servir a todos por igual, ¿de qué vale haber hecho tantos años de servicio y meditación? ¿Hay alguna diferencia entre la Madre y esta chica enferma?

Entonces, la Madre cogió la tela y la lavó.

La Madre ha dedicado todos los momentos de su vida, de día y de noche, al servicio de la humanidad. Como la Madre siempre está pensando en los demás, tiende a olvidarse de sí misma y ni siquiera se da cuenta de cuándo tiene hambre, sed o está cansada. Cada día, cientos, a menudo miles, de personas acuden a recibir el *darshan* de la Madre. Ellos le cuentan sus problemas y la Madre los escucha durante horas y horas; enjuga sus lágrimas y alivia su sufrimiento. Todo el que se acerca a la Madre recibe un abrazo suyo. A lo largo de los años, la Madre ha abrazado amorosamente a millones de personas. Ya sean jóvenes o viejos, ricos o pobres, buenos o malos, ella los acepta a todos ellos con el mismo amor y ternura extraordinarios. La Madre es su guía y su apoyo. Ella los consuela y los ayuda en todas sus dificultades.

La Madre está haciendo todo lo que puede para ayudar a los pobres y los que sufren. Tiene un orfanato cerca del *ashram* en el que sus *brahmacharis* y *brahmacharinis* cuidan cientos de niños y niñas que no tienen padres o cuyas familias los han llevado a la Madre porque son tan pobres que no pueden alimentarlos. La Madre está muy ocupada, pero, siempre que puede, pasa un rato con los niños. Juega con ellos, canta y baila con ellos, les sirve la comida y a todos les da un abrazo y un beso. Los niños sienten que la Madre es su propia madre.

Además del orfanato, la Madre ha creado numerosas escuelas e instituciones de estudios superiores y de informática. Ha establecido programas de becas para que los que no tienen mucho dinero puedan realizar estudios superiores. La Madre quiere que el mayor número de personas posible reciba una buena educación para que puedan conseguir mejores trabajos y cuidar bien a sus familias.

La Madre también ha construido hospitales para los pobres; ha levantado miles de casas para las personas sin hogar; alimenta a los hambrientos y ayuda a la gente de otras innumerables maneras.

La Madre dice que el mundo es como una flor y que los diferentes países son los pétalos de esa flor. Todos los años, la Madre viaja a muchos países de todo el mundo, a los diferentes pétalos de la flor del mundo, para reunirse con las decenas de miles de personas que la consideran su maestra espiritual y su Madre querida. Ella tiende la mano a los que están sufriendo e intenta ayudarlos. En su presencia, la gente se vuelve bondadosa y los que están solos descubren que tienen una Amiga Divina que siempre estará allí para ellos. La Madre da esperanza a los desesperados y hace nacer sonrisas en las caras de la gente.

La Madre nos enseña que lo más importante en la vida es que debemos amarnos los unos a los otros y ocuparnos de los que son menos afortunados que nosotros. Ella inspira a la gente para que abra el corazón a Dios. Si seguimos su consejo, cada uno de nosotros puede hacer que este mundo sea un lugar mucho más feliz y más lleno de amor donde vivir.

La Madre dice: "Una continua corriente de amor fluye de la Madre hacia todos los seres del universo. Esa es la naturaleza innata de la Madre."

Segunda parte

Experiencias de los hijos de Amma

La corona de Krishna

Takkali era una niña de siete años. Era sobrina de Swami Purnamritananda. Su verdadero nombre era Shija, pero el apodo que la Madre le había puesto era "Takkali", que significa "tomate". Takkali tenía un deseo que nunca le había contado a nadie. "Oh, Dios," rezaba, "¡si me dejases llevar la corona que la Madre se pone en Krishna bhava sería tan feliz!" Pero nadie más que la Madre se la había puesto y Takkali sabía que era un deseo imposible de realizar.

El día del cumpleaños de Krishna, Takkali fue al ashram con sus padres. Cuando se montó en la pequeña barca que cruza los *backwaters* hacia el ashram, vio que la Madre la estaba esperando en el embarcadero. En cuanto Takkali y su familia bajaron de la barca, la Madre cogió a Takkali de la mano y caminó con ella hasta el ashram. Allí se encontraron con un grupo de niños vestidos con trajes de vivos colores. Para celebrar el cumpleaños de Krishna, los niños iban a hacer un baile popular que representaba la infancia de Krishna en Vrindavan. La Madre llevó a Takkali dentro del templo y la vistió con ropa muy bonita, del tipo que Krishna llevaba. De repente, para regocijo de la pequeña, ¡la Madre puso la corona del Krishna bhava en la cabeza de Takkali! ¡Ahora era igual que Krishna de pequeño! La Madre salió con Takkali y colocó a todos los niños de pie en círculo, con Takkali en el centro. Entonces, la Madre les pidió que bailaran alrededor de Takkali, como si ella fuera Krishna. ¡Aquel fue el día más feliz de la vida de Takkali! Nunca le había dicho a la Madre su deseo; pero la Madre lo sabía todo e hizo realidad el sueño de Takkali. Dios cumple los deseos de los que son inocentes y puros de corazón.

Dattan el leproso

Dattan era un leproso. Todavía era joven cuando fue presa de la terrible enfermedad, la lepra. Cuando sus padres descubrieron que su hijo era un leproso, lo echaron de casa. Toda la familia le dio la espalda y no quiso tener nada que ver con él. Dattan no encontraba trabajo a causa de su enfermedad, así que empezó a mendigar. Mendigaba para comer y pasaba los días y las noches en los jardines de un templo.

A medida que el tiempo transcurría, todo su cuerpo se cubrió de llagas de hediondo pus. Perdió todo el cabello y los ojos se le infectaron e hincharon tanto que, donde estos habían estado, ahora no había más que dos rendijitas. Estaba casi ciego. La gente sentía repugnancia al verlo. No querían tener nada que ver con él e, incluso, se negaban a darle comida. Así que a menudo pasaba hambre.

Intentaba cubrirse el cuerpo con una gran tela; pero esto era muy doloroso, porque la tela se le pegaba a las llagas. Debido a las heridas, las moscas y otros insectos lo molestaban constantemente. Nunca le dejaban subir a un autobús porque la gente se horrorizaba de su enfermedad. Ni siquiera los demás mendigos le dejaban acercarse a ellos. Nada más verlo, la gente se tapaba la nariz y salía corriendo. Algunos hasta le escupían. Nadie se preocupaba por él. Dattan nunca oyó ninguna palabra amable de nadie. Nadie le sonreía nunca ni le mostraba compasión alguna. Su vida era una pesadilla. Sentía que era la criatura más despreciable del mundo entero.

Entonces, un día oyó a alguien hablar de la Santa Madre. Se agarró a un último atisbo de esperanza y decidió ir a verla. Llegó una tarde, durante Devi bhava, pero nadie quería dejarle entrar al templo para ver a la Madre. Era tan feo, con la cara y el cuerpo llenos de llagas y apestaba a pus. Cuando la gente lo vio, le dijeron que se fuera. "¡Largo de aquí!" le gritaron. Dattan sintió que su corazón se rompía en mil pedazos, pues parecía que incluso Dios lo odiaba. De repente, la Madre lo vio a través de la puerta del templo y lo llamó: "¡Hijo mío! ¡Hijo mío! ¡Ven conmigo!"

Dattan entró al templo y se acercó tímidamente a la Madre, esperando que ella mostrara la misma repugnancia que los demás. Sin embargo, la Madre no parecía darse cuenta de lo feo que era, o del hedor que su cuerpo despedía. Por primera vez en más años de los que podía recordar, veía una cara amable y, ¡oh!,¡cuánto amor y compasión había en ese rostro! La Madre lo acarició con mucho cariño. Lo rodeó con sus brazos y lo mantuvo cerca de ella, como si fuera el niño más encantador del mundo.

La gente se quedó atónita al ver lo que la Madre hizo después. La Madre empezó a lamer sus heridas infectadas de pus, succionando el pus y la sangre y escupiéndolos en un cuenco. Llevó al leproso al patio que había detrás del templo y lo bañó echándole cubos de agua por la cabeza. Después, le puso ceniza sagrada por todo el cuerpo, cubriendo las llagas con la ceniza. Dattan se sentía abrumado por ese amor maternal. Después de aquella noche, fue a verla a todos los bhava *darshan*. La Madre siempre realizaba el mismo ritual con él: le lamía las heridas, lo bañaba y le cubría el cuerpo de ceniza. Y siempre lo trataba con tanto amor como si fuera su hijo más querido. Cuando los devotos le preguntaban a la Madre cómo podía hacer eso, ella respondía:

-¿Quién más hay para cuidarlo y darle amor? Amma no ve su cuerpo externo; sólo ve su corazón. Amma no puede rechazarlo. Él es mi hijo y yo soy su Madre. ¿Puede una madre abandonar a su hijo?

Dattan se convirtió en un hombre nuevo. Casi todas sus llagas se curaron. La saliva de la Madre fue su medicina divina. Sus ojos se abrieron y volvió a ver con claridad. Le volvió a crecer el cabello. Pudo volver a viajar libremente en autobús sin que a nadie le molestara su presencia. La gente hablaba con él y le daba comida. Aunque en el cuerpo de Dattan todavía podían verse las cicatrices de su terrible enfermedad, todo el pus había desaparecido y ya no olía mal. De nuevo podía ponerse una camisa y un dhoti[1] sin que la tela se le pegase al cuerpo y le hiciera daño. Dattan era feliz por la gracia de la Madre. La Madre le dio una nueva vida.

La Madre cura a un joven paralítico

En 1998, cuando la Madre estaba visitando los Estados Unidos, oyó hablar de un joven que estaba en un hospital cerca de Boston. Estaba completamente paralítico. El joven, que había nacido en la India pero cuya familia vivía ahora en los EEUU, iba caminando un día por una calle de Boston cuando le cayó encima parte de un andamio de un edificio en construcción. Resultó gravemente herido y se quedó paralítico. Los médicos no podían hacer nada. Sus padres acudieron a la Madre cuando esta estaba dando *darshan* en Nueva York y le preguntaron si sería posible que fuera a ver a su hijo. La Madre asintió. En el viaje de Nueva York a Boston, la Madre se detuvo en el hospital para ver al muchacho. Cuando la Madre entró en la habitación, él estaba en una silla de ruedas. Habían preparado una silla especial para la Madre. La familia la había cubierto con hermosas sedas indias. Pero la Madre no pareció ver la silla. Fue directa al muchacho y se sentó en el suelo delante de él. Lo miró con una expresión de infinita ternura y acarició sus inservibles piernas. Después, cogió uno de los pies entre sus manos y lo besó. Con cuidado, lo volvió a poner en el suelo y, suavemente, levantó el otro pie y lo besó. El muchacho y sus padres estaban tan abrumados por el amor y la humildad de la Madre, que se pusieron a llorar. Hasta los swamis (monjes y monjas) que acompañaban a la Madre lloraban. La

---

[1] *Dhoti*: Prenda de vestir masculina tradicional del sur de la India, consistente en un trozo de tela que se lleva atado a la cintura.

Madre se quedó un ratito con el joven y, después, emprendió viaje a Boston. ¡Dos horas más tarde, el muchacho descubrió que podía caminar! La gracia de la Madre lo había curado por completo.

La operación de Krishnan Unni

Krishnan Unni Nair vivía en Los Ángeles. Sus padres eran muy devotos de la Madre. Cada vez que la Madre iba a Los Ángeles, se quedaba en su casa.

Cuando Krishnan Unni tenía cinco años, le operaron de una hernia. Sus padres estaban tan preocupados, que enviaron un mensaje a la Madre a la India. El día anterior a la operación, la Madre los llamó por teléfono y les dijo:

—Hijos míos, no os preocupéis. No hay absolutamente nada de qué preocuparse. Amma estará con Krishnan Unni durante la operación.

Al día siguiente, llevaron a Krishnan Unni al hospital. De camino, sus padres le contaron historias sobre la Madre y Krishna para que se sintiera mejor.

Justo antes de que lo metieran en camilla en el quirófano, la madre de Krishnan Unni le explicó que no podía entrar con él. Le dijo:

—Recuerda lo que Amma dijo ayer por teléfono: que todo iría bien y que ella estaría contigo.

—Sí— susurró Krishnan Unni.

Unas horas más tarde, cuando se despertó de la anestesia, su madre estaba sentada junto a él. Le sonrió y le dijo:

—¿Ves? ¡Estás bien! Amma dijo que todo saldría bien, ¿verdad?

El pequeño la miró y le dijo:

—Sí, mamá. Vi a Amma. Estuvo todo el tiempo conmigo, con la mano sobre mi hombro.

Desde entonces, Krishnan Unni y su familia se han trasladado a la India. Krishnan Unni vive en el ashram de Amritapuri con su familia. Su padre ha sido nombrado director médico del AIMS, el hospital puntero de la Madre.

Un niña vuelve a la vida

Una niñita llamada Shayma vivía cerca de la Madre. Padecía un grave asma. Un día, Shayma tuvo un ataque tan fuerte que su abuela la llevó rápidamente al hospital; pero llegó demasiado tarde. Shayma llegó ya muerta. Cuando los médicos le comunicaron a la abuela que su nieta estaba muerta, el dolor se apoderó de la anciana. Cogió el pequeño cuerpo y lo sacó del hospital. Se montó en un autobús y se sentó llevando a la niña muerta en su regazo durante todo el trayecto a casa.

Al llegar al pueblo, la anciana fue directamente al templo de la Madre. Llorando con fuerza, colocó a la niña muerta en el asiento sagrado donde la Madre siempre se sentaba durante el Devi bhava. En ese momento la Madre estaba de visita en otra casa cantando cantos devocionales. De repente, la Madre se sintió muy inquieta. Dejó de cantar bruscamente y se fue rápidamente al templo. Allí encontró a la anciana abuela llorando y gimiendo junto al cuerpo sin vida de la niña, que yacía sobre el asiento.

La anciana le suplicó a la Madre que salvase a la niña. La Madre se sentó en el suelo y puso el cuerpo sobre su regazo. Con la niña muerta en el regazo, empezó a meditar. La Madre estuvo sentada en meditación mucho tiempo. De repente, la pequeña abrió los ojos y, poco a poco, volvió a la vida. Lágrimas de alegría caían por el rostro de la abuela. Rebosante de gratitud, abrazaba a la Madre una y otra vez.

La fe de un niño

En 1991 la Madre visitó Vancouver, en Canadá, durante tres días. Allí, la familia Herke se encontró con la Madre por segunda vez. Una semana más tarde, los Herke se estaban preparando para ir en coche a California, donde continuaban los programas de la Madre. El día en que iban a partir, los padres de un amigo de la clase de Sharada Herke, de seis años, fueron a la escuela a pedir a todos los niños que rezasen por su hijo de dos años. Cinco días antes se había caído a una piscina. Había permanecido bajo el agua al menos cinco minutos. Aunque todavía estaba vivo, llevaba los cinco días en coma. Los médicos decían que, aunque se recuperase, con toda seguridad sufriría algún daño cerebral; pero, como ya habían pasado cinco días y no se había despertado, no pensaban que fuera a sobrevivir. Cuando Sharada y su familia salieron para California, la niña dijo:

—¡Ya sé qué hacer! Se lo voy a contar a la Madre.

Al llegar al ashram, la Madre estaba en Devi bhava. Sharada fue directa a la Madre y le contó lo del pequeño. La Madre miró a Sharada durante un largo rato y después le dijo que rezaría por él.

Al día siguiente, la Madre le dijo a Sharada que creía que el niño se iba a poner bien y que Sharada no debía preocuparse.

La familia se enteró del resto de la historia cuando volvió a Canadá unas semanas más tarde. La misma tarde en la que a la Madre le hablaron del accidente del niño, éste se despertó de repente, completamente sano, como si sólo hubiera estado dormido toda la noche; aunque, para entonces, ya llevaba seis días en coma. Los médicos dijeron que era un milagro. No había ninguna señal de daño cerebral y no necesitó el largo programa de rehabilitación que suele requerirse en estos casos. Todo esto sucedió gracias a la inocente fe de Sharada. Le pareció que lo único que tenía que hacer era hablarle a la Madre del accidente del niño y todo iría bien. Y eso fue exactamente lo que sucedió.

El árbol de mango

La Madre no sólo tiene hijos humanos. La Madre ama a los animales y las plantas tanto como a las personas. Ella es la Madre de todas las criaturas. La que sigue es la experiencia de uno de los hijos de la Madre, que resulta que es un árbol.

Un día, unos *brahmacharis* arrancaron un joven árbol de mango y lo plantaron en otro lugar. Por desgracia, el árbol estaba en estado de shock por el cambio, y los *brahmacharis* no le prestaron mucha atención. Así que el árbol se marchitó y murió. Un tiempo después, la Madre estaba paseando y se encontró, por casualidad, con el árbol muerto. Al verlo, su cara se llenó de dolor. Se agachó y lo besó. Era como una madre con un hijo herido. Los *brahmacharis* notaron que tenía los ojos llenos de lágrimas. Se emocionaron mucho al ver el amor y la compasión que sentía por la naturaleza y su profunda preocupación por el arbolito. Y, cuando vieron las lágrimas de la Madre, también ellos se pusieron a llorar.

La Madre les dijo:

-Hijos, por favor, nunca más volváis a destruir la vida de esta manera. Una persona que está en el camino espiritual nunca debe hacer algo así. Nuestra meta es experimentar la vida en todas partes, sentir que todo está vivo. Debemos intentar no destruir nada así, porque no tenemos derecho a destruir. Sólo Dios, que crea y cuida todo, tiene derecho a destruir. Debéis recordar que todo está lleno de conciencia y de vida. No existe la mera materia. Todo es consciente. Dios está en todas partes.

Cuando la Madre terminó de hablar, abrazó al árbol y le pidió que perdonara a los *brahmacharis* por lo que habían hecho. Pocos días después, los *brahmacharis* descubrieron que el árbol había vuelto a la vida y empezaba a echar hojas nuevas. El beso divino de la Madre y su amor habían despertado el árbol muerto.

Una flor para Krishna

Bhaskaran era uno de los vecinos de la Madre. Era un hombre mayor que se ganaba la vida viajando de pueblo en pueblo, recitando el Srimad Bhagavatam y otras escrituras y aceptando cualquier cantidad de dinero que le ofrecieran por sus servicios. Había oído hablar del Krishna bhava de la Madre y había ido unas cuantas veces, pero no estaba verdaderamente convencido de que estuviera viendo realmente al propio Krishna durante el Krishna bhava.

Una noche tuvo un sueño vívido. Krishna se le aparecía y le decía:

-Hijo, has estado vagando de pueblo en pueblo, llevándome bajo el brazo (el Srimad Bhagavatam) tantos años y, ¿qué has conseguido? Estoy aquí, justo delante de tus narices, en la casa de al lado, y no me reconoces. ¡Qué tonto eres!

Bhaskaran se despertó sobresaltado. A partir de entonces, acudió con frecuencia al Krishna bhava.

Un día que volvía de un pueblo cercano, pasó al lado de un estanque que estaba junto a un templo y admiró la belleza de las flores de loto que flotaban en el agua. Pensó: "¡Qué maravilloso sería poder ofrecer uno de estos lotos a Krishna durante el Krishna bhava!" Se acercó al sacerdote del templo y le preguntó si podía coger un loto como ofrenda a Krishna. Este le dio permiso y él cogió un hermoso loto rosa y partió hacia donde estaba la Madre.

Por el camino, un encantador niño pequeño se cruzó con él y le rogó que le diera la flor. Bhaskaran estaba en un dilema. Se sintió inexplicablemente atraído por el niño y experimentó un fuerte deseo de darle la flor para hacerle feliz; pero, al mismo tiempo, le parecía que no estaba bien darle a una persona corriente algo que estaba destinado al culto de Dios. Pero al final su corazón se impuso a su sentido del deber y le dio el loto al niño.

Cuando llegó al ashram, la Madre ya estaba en Krishna bhava. En cuanto entró al templo, ella lo llamó a su lado y, sonriendo, le preguntó:
   -¿Dónde está la flor?
   A Bhaskaran le dio un vuelco el corazón. Estaba tan sorprendido, que no podía decir ni una palabra. La Madre le dio unas afectuosas palmaditas en la cabeza y le dijo:
   -No te preocupes. El niño al que le diste la flor era yo, Krishna.

Jason

La primera vez que la Madre visitó Nueva York, acababa de empezar a dar *darshan* una mañana cuando señaló a un niño rubio que estaba sentado con su padre al otro lado de la sala. La Madre le dijo a uno de los *brahmacharis*:
   -Ese niño no tiene madre. Amma siente un gran amor y compasión por él.
   El niño todavía no había estado con la Madre y nadie le había dicho nada sobre él.
   Después de un rato, la Madre lanzó juguetonamente un bombón al otro lado de la sala, donde estaba sentado el niño. Este sonrió y se lo comió. Al poco tiempo, la Madre lanzó otro bombón hacia el centro de la sala. Él se acercó un poco más a la Madre y consiguió su segundo regalo. La Madre repitió esto unas cuantas veces más y, cuando el niño estaba lo suficientemente cerca, la Madre estiró los brazos y lo cogió. Ambos se rieron. Enseguida, el niño se sintió muy unido a la Madre.
   Su padre se acercó a la Madre y le explicó que su hijo, Jason Richmond, que tenía seis años, había perdido a su madre cuando sólo tenía ocho meses; y que, a menudo, se despertaba por las noches, llorando y preguntando por qué no tenía madre. La Madre sostuvo a Jason en sus brazos y le dijo:

-Jason, ¡yo soy tu Madre!

Jason la miró asombrado. Creía que la Madre quería decir que ella era la madre que le había dado a luz. La cara se le iluminó de alegría. Por primera vez en su vida, estaba experimentando el amor de una verdadera madre, su propia madre. Durante los días siguientes y sus posteriores visitas a América cada año, la Madre colmaba a Jason de amor y le hacía sentir que ella era realmente su verdadera madre.

Aquella primera mañana, el padre de Jason también le dijo a la Madre que el niño padecía de epilepsia, que tenía frecuentes ataques y que la medicina no podía hacer nada. La Madre le dio un trozo de madera de sándalo y le enseñó a usarlo[2]. Él siguió al pie de la letra las instrucciones y, a partir de entonces, Jason no volvió a tener ataques.

---

[2] En la India, la gente hace pasta de sándalo. La Madre a menudo la recomienda para diferentes enfermedades.

Tercera parte

Enseñanzas de Amma

1. Hijos míos, la sociedad necesita personas como vosotros, que sois jóvenes e inteligentes. Vosotros representáis la esperanza y el futuro del mundo. Dejad que florezca la flor que hay en vuestro interior y que esparza su fragancia por todo el mundo. Proponeos enjugar las lágrimas de los que sufren y propagar la luz de la espiritualidad.

2. La Madre desea que todos sus hijos dediquen su vida a extender el amor y la paz por todo el mundo. El verdadero amor y devoción por Dios consiste en tener compasión por los pobres y los que sufren. Hijos míos, dad de comer a los hambrientos, ayudad a los pobres, consolad a los afligidos, confortad a los que sufren, sed caritativos con todos: éste es el mensaje de la Madre para vosotros.

3. El oro es muy bello y valioso. Imaginad que también tuviera aroma. ¡Cuánto mayores serían su valor y su encanto! La meditación y las otras prácticas espirituales son realmente muy valiosas; pero si, además de la meditación y la oración, también intentamos desarrollar cualidades como el amor, la compasión y el interés por nuestros semejantes, será como oro aromático: algo increíblemente especial y único.

4. Una vez, un maestro tenía un discípulo al que no le gustaba dar limosna a los pobres. El maestro lo sabía y, un día, fue a casa del discípulo disfrazado de mendigo. Cuando llegó, el discípulo estaba ocupado adorando la foto del maestro, ofreciendo leche y fruta a la imagen. El maestro gritó en el umbral de la puerta:
-¡Por el amor de Dios, por favor, déme una limosna!
El discípulo lo echó, gritando:
-¡Aquí no hay nada para ti!

Inmediatamente, el maestro se quitó el disfraz. Cuando el discípulo reconoció a su maestro, tuvo muchos remordimientos y le pidió perdón.

Muchas personas son como el discípulo de esta historia. Ofrecen leche y fruta a un cuadro de Dios, pero se niegan a ofrecer hasta un puñado de arroz a un hambriento, sin darse cuenta de que Dios habita en ese pobre hombre. Están dispuestos a amar una imagen de Dios, pero no al Dios viviente.

5. Hijos, aunque no nos encontremos en situación de ayudar a los demás materialmente, al menos podemos darles una sonrisa amorosa o una palabra bondadosa. No nos cuesta nada. Lo que hace falta es un corazón compasivo. Este es el primer paso de la vida espiritual. Los que son bondadosos y amorosos con los demás no necesitan andar buscando a Dios de un sitio a otro, porque Dios irá corriendo al corazón que lata con compasión. Ese es el lugar que Dios prefiere para vivir.

6. *(La Madre se dio cuenta de que un brahmachari no había recogido una cáscara de plátano que llevaba mucho tiempo tirada en el suelo.)*
Hijo mío, no has recogido esa cáscara de plátano a pesar de que la has visto ahí tirada. Si la dejas ahí, alguien se puede resbalar y caer. Entonces, será tu culpa, ¿no es cierto?, porque tú la viste y no la recogiste.

Del mismo modo, también debéis estar atentos cuando camináis por una carretera. Si hay cristales en el suelo, debéis quitarlos para que otros no se hieran. Los egoístas no se preocupan de cosas así; pero nosotros debemos preocuparnos de que ni siquiera los egoístas resulten heridos.

7. ¿Por qué decimos "Om Namah Shivaya" cuando saludamos a la gente? "Om Namah Shivaya" significa "Saludos a Shiva (el

Propicio)". Todo ser humano en este mundo es parte de Dios. Por eso, cuando decimos "Om Namah Shivaya" a alguien, le estamos diciendo a esa persona: "Saludo a la Divinidad que hay en ti, y quiero que sepas que amo y respeto esa Divinidad".

8. Había una niña que pertenecía a una familia rica. Se hizo amiga de otra niña de su edad de una familia muy pobre y que, además, era ciega y coja. La niña rica quería a la pobre; era su mejor amiga. Jugaba con ella todos los días y siempre intentaba animarla y hacerla reír. Pero al padre de la niña rica no le agradó en absoluto descubrir que su hija jugaba con una niña de una familia pobre. Quería que su hija olvidara a esa niña e hiciera amistad con otros niños de su mismo nivel. Así que invitó a la hija de uno de sus amigos ricos a jugar con la suya. Aunque las dos niñas se hicieron buenas amigas, la chica todavía sentía mucho más cariño por su amiguita ciega y prefería con mucho su compañía. Cuando su padre se enteró, le preguntó:

-¿Por qué quieres ser amiga de una niña que es tan pobre si ya eres amiga de la hija de mi amigo rico?

Ella contestó:

-Padre, me cae muy bien esa otra niña; pero tiene muchos juguetes y otros amigos con los que jugar. Esta amiga mía está sola. Si no la quiero y le muestro un poco de bondad, no tendrá a nadie más que se preocupe de ella. Quiero ayudarla.

Hijos, siempre debemos recordar que todas las personas son iguales, tanto los que están en lo más alto de la escala social como los que están en la base. Sin embargo, la mera existencia de los que son extremadamente pobres depende del amor y la compasión de los demás. Una persona rica suele recibir mucho apoyo de otros; pero a una persona muy pobre casi todos la desprecian, salvo unas pocas personas de buen corazón.

9. Todas las cosas como el dinero o los objetos materiales se van para siempre cuando las regalamos; pero no el amor. Porque cuanto más amor damos, más se llena nuestro corazón de amor. El amor es como una corriente interminable. La Madre quiere que todos sus hijos se conviertan en fuentes de amor, siempre difundiendo amor y compasión entre sus semejantes y, de ese modo, enseñando a los demás a hacer lo mismo.

10. Alguien le preguntó a la Madre:
-¿Por qué Dios permanece en silencio cuando la gente sufre tanto? ¿Es que no puede hacer nada para acabar con ese sufrimiento?

Sin embargo, Dios ya ha hecho algo al respecto. Nos ha creado, con la esperanza de que hagamos algo para ayudar a los que sufren. Debemos pensar en esas personas. Debemos intentar sentir su sufrimiento. Debemos tratar de ponernos en su lugar. Tendemos a pensar sólo en nuestros propios problemas. No nos importan los problemas de los demás, ni somos compasivos. Ese es nuestro mayor problema.

11. Había una vez un rey cuyo país era constantemente atacado por países vecinos, y siempre perdía contra ellos. A medida que atacaban sus fronteras, él iba perdiendo su reino, poco a poco. Un día, sintió que ya no podía más. Decidió darse por vencido. Dejó sus deberes de rey y se retiró a un bosque. Se sentía muy deprimido. Un día, vio una arañita intentando tejer una tela entre dos ramas de un árbol. Una y otra vez la araña intentaba tender los hilos entre las ramas; pero sin éxito, porque la tela no dejaba de romperse. Sin embargo, aunque la araña fracasara una y otra vez, se negaba a darse por vencida. El rey miraba cada vez más fascinado cómo el animalito seguía trabajando con diligencia. Incluso saltó a la otra rama y trató de unir la tela desde el otro

lado. Por fin, tras muchos intentos, la araña consiguió hilar y tejer una hermosa y resistente tela entre las dos ramas.

El rey aprendió una gran lección de esa pequeña araña. Pensó: "Si hasta una araña aparentemente insignificante puede esforzarse tanto sin rendirse nunca, entonces indudablemente yo debería ser capaz de hacer lo mismo y trabajar más duro en mis deberes de rey, sin darme por vencido cuando las cosas se ponen difíciles y huir como un cobarde." De ese modo, el rey volvió a su reino y asumió su papel de rey. A partir de entonces, se negó a darse por vencido. A base de pura determinación, derrotó valientemente a todos los países vecinos que intentaron atacar su reino, hasta que ya no se atrevieron a hacerlo. Y, por fin, su país disfrutó de paz. Gobernó su reino justa y sabiamente durante muchos años y nunca olvidó la lección que le había enseñado una vez la arañita.

12. Ningún trabajo carece de importancia o de sentido. Es la cantidad de amor, la cantidad de corazón que se pone en el trabajo, lo que lo vuelve importante y hermoso.

13. Conseguir dominar la mente es la educación más importante que se puede obtener. Eso es la educación espiritual.

14. Hasta el "egoísmo" de una persona espiritual beneficia al mundo. Había una vez dos chicos que vivían en un pueblo. Un monje que pasó por allí les dio a ambos unas semillas. El primer chico tostó las semillas y se las comió para calmar su hambre. Era una persona mundana. El segundo chico sembró las semillas en la tierra y, de ese modo, produjo mucho cereal que dio a los hambrientos. Aunque los dos chicos tuvieron el egoísmo inicial de aceptar lo que se les daba, la actitud del segundo chico benefició a muchas personas.

15. Vuestro corazón es un santuario y ahí es donde hay que instalar a Dios. Los buenos pensamientos son las flores que Le

ofrecéis a Dios; las buenas acciones son vuestra adoración; cada vez que le habláis bondadosamente a alguien, estáis cantándole un himno a Dios; y vuestro amor es la comida sagrada que Le ofrecéis.

16. Hijos, nunca debéis hacer nada que pueda causarle a alguien dolor o sufrimiento. Esas acciones repercutirán negativamente en vosotros. A menudo herimos a alguien que es inocente. Con el corazón dolorido, esa persona exclamará que la habéis herido aunque no haya hecho nada malo. Sus pensamientos y sus oraciones os afectarán y, más tarde, serán causa de sufrimiento para vosotros. Por eso se insiste en que nunca hay que hacer daño a los demás en pensamiento, palabra u obra. Aunque no podamos dar alegría a los demás, al menos debemos abstenernos de provocarles dolor. Si somos cuidadosos con esto, la gracia de Dios estará con nosotros.

17. Una vez, un ministro del gobierno visitó un pueblo, que resultó ser el pueblo más sucio de todo el país. Pasó la noche como huésped del alcalde del pueblo. Montones de basura se apilaban por todas partes a lo largo de las carreteras, y las alcantarillas abiertas estaban llenas de aguas residuales estancadas y sucias. Por todo el pueblo se extendía un horrible hedor.

El ministro le preguntó al alcalde por qué el lugar estaba tan sucio. Este respondió:

-La gente de este pueblo es ignorante. No saben nada de limpieza. Simplemente, no les importa. He intentado enseñarles, pero no quieren escuchar. Les he dicho que limpien el pueblo, pero no quieren hacerlo. Así que me he dado por vencido.

El alcalde siguió hablando y hablando, echándoles la culpa a los aldeanos. El ministro escuchó pacientemente, sin decir nada. Cenaron y, después, el ministro se fue a la cama.

A la mañana siguiente, temprano, cuando el alcalde se despertó, fue a invitar al ministro a desayunar, pero vio que su huésped se había ido. El alcalde miró por todas partes y les preguntó a sus criados si habían visto al ministro, pero nadie sabía dónde estaba. Todos empezaron a buscarlo. Por fin, el alcalde lo encontró. El ministro estaba en la carretera, recogiendo toda la basura él solo. Estaba apilando la basura en un gran montón y prendiéndole fuego. Cuando el alcalde lo vio, se sintió avergonzado. Se dijo a sí mismo: "¿Cómo puedo quedarme aquí sin hacer nada, cuando el propio ministro está trabajando de esta manera?" Así que se unió a él y empezó a limpiar el pueblo. Cuando los aldeanos salieron a la calle, les sorprendió ver a los dos hombres haciendo un trabajo tan sucio. Les pareció que no podían quedarse ahí mirando mientras el ministro y el alcalde limpiaban el pueblo. Así que se unieron al trabajo. En muy poco tiempo, el pueblo entero estaba inmaculado. Habían recogido toda la basura y las alcantarillas estaban limpias. No se veía ni pizca de basura. El pueblo entero parecía otro completamente diferente.

Hijos, enseñar algo por el propio ejemplo lleva mucho menos tiempo que intentar enseñarlo predicando sobre ello. No estéis señalando a los demás con el dedo, criticándolos por no hacer lo que hay que hacer. Tomad la iniciativa y dad ejemplo haciéndolo vosotros mismos. Los demás seguirán naturalmente vuestro ejemplo. Echando la culpa a los demás no se cambia a nadie. Si criticáis a los demás, vuestra propia mente se contaminará y no saldrá nada bueno de ello. Lo que hace falta es actuar. Sólo si vosotros mismos intentáis hacer algo, habrá un cambio a mejor.

18. Siempre debemos perdonar los defectos de los demás. Cuando nos critican y nos echan la culpa de algo que no hemos hecho, solemos reaccionar y nos enfadamos. Debemos, simplemente, perdonarlos. Dios nos está probando, y también está probando a los que nos ofenden. Nunca os enfadéis con nadie.

19. Los que hacen daño a los demás por egoísmo, en realidad están cavando una fosa en la que ellos mismos caerán. Es como escupir al aire cuando estamos tumbados boca arriba: la saliva nos caerá en la cara.

20. Hijos, en la vida tiene que haber fracasos. Imaginad que os tropezáis con algo y os caéis. No os vais a decir: "¡Muy bien! Como me he caído, me voy a quedar aquí tumbado en el suelo para siempre. No me voy a levantar y seguir adelante." Sería estúpido pensar así, ¿verdad?

Un niño pequeño que empieza a andar se cae innumerables veces antes de aprender a caminar bien. Del mismo modo, los fracasos son parte natural de la vida. Recordad que cada fracaso viene con el mensaje de un éxito en potencia. Igual que el niño pequeño se cae antes de aprender a caminar con paso firme, nuestros propios fracasos son el comienzo de nuestro ascenso hacia la victoria final. Por eso, no hace falta que nos desilusionemos ni nos frustremos.

21. Había una vez un hombre que se subió a un tren con una enorme y pesada maleta sobre la cabeza. Cuando el tren se puso en marcha, el hombre, luchando con el peso de la maleta, empezó a lamentarse:

-¡Pobre de mí! ¡No puedo con el peso de este equipaje!

Al oírlo, un pasajero que estaba cerca le preguntó:

-Entonces, ¿por qué no la deja en el suelo? Deje que el tren lleve el peso por usted.

De igual modo, cuando lo entregamos todo a los pies de Dios, ya no nos tenemos que preocupar más por nuestra vida. Dios llevará todas nuestras cargas por nosotros.

22. Si nos fijamos en la vida de Rama, Krishna, Buda y Jesucristo, veremos que afrontaron muchos obstáculos; pero, como actuaron con paciencia y entusiasmo, fueron capaces de triunfar. Claro que algunas personas pueden decir que ellos eran grandes mahatmas (grandes almas) y que no nos podemos comparar con ellos, que no somos más que personas corrientes. Así que, ¿cómo vamos a poder intentar ser como ellos? Pero la Madre dice que no somos sólo seres corrientes. Somos extraordinarios. Dentro de cada uno de nosotros hay un poder infinito. No somos sólo como pequeñas pilas. Estamos conectados directamente con la propia Fuente de Energía. Debemos aprender a despertar esa energía, cultivarla y conocerla. Entonces, también nosotros tendremos éxito en la vida.

23. Hijos, si cada uno de nosotros hace un esfuerzo, podemos acabar con la pobreza en nuestro país.

24. Si hay, por lo menos, dos jóvenes en cada pueblo o en cada barrio que intenten servir al mundo, tomando la iniciativa de organizar actividades de servicio y de difundir la sabiduría espiritual, el mundo cambiará a mejor.

25. Podemos aprender mucho del ejemplo de la naturaleza observando y viendo qué fácilmente supera cualquier obstáculo. Por ejemplo: si hay una piedra en el camino de una minúscula hormiga, esta simplemente pasa por encima de la piedra o la rodea y sigue su camino. O, si hay una roca en el lugar donde está creciendo un árbol, este simplemente crecerá alrededor de la roca. Del mismo modo, el agua de un río fluye alrededor de un tronco o de una gran roca que se interpone en su recorrido. También nosotros debemos aprender a adaptarnos a todas las circunstancias de la vida, aprendiendo a superarlas con paciencia y entusiasmo.

26. Si alguien nos riñe o discute con nosotros, nos enfadamos con esa persona. Puede que, incluso, nuestra enemistad nos lleve a atacarla físicamente. Pero los sabios no sienten enemistad por nadie. Ellos aman incluso a quienes están en su contra. Así eran los sabios y otros nobles personajes de las epopeyas indias.

27. Para que una semilla crezca y se convierta en un gran árbol, primero tiene que estar bajo tierra. Sólo podemos crecer espiritualmente por medio de la modestia y la humildad. El orgullo y el egoísmo sólo servirán para destruirnos. Sed amorosos y compasivos, con la actitud de que sois los siervos de todos. Entonces, el universo entero se postrará ante vosotros.

28. Un ciclón arranca grandes árboles y derrumba edificios; pero, por muy fuerte que sea el ciclón, no puede hacer daño a una humilde brizna de hierba. Esta es la grandeza de la humildad.

29. Hijos, si salís de casa para hacer algún recado, presentad vuestros respetos a vuestros mayores antes de iros. Acostumbraos a despediros de vuestros padres antes de iros a la escuela por la mañana. Dios derrama su gracia sobre los que son humildes.

30. Lo que este mundo necesita son servidores, no líderes. Todo el mundo quiere ser un líder. Ya tenemos suficientes líderes que no son líderes verdaderos. Seamos, por el contrario, verdaderos servidores. Porque ese es el único modo de llegar a ser un verdadero líder.

31. Dios está en todas las cosas, no sólo en los seres humanos. Dios está en las montañas, en los ríos y en los árboles, en los pájaros y en los animales, en las nubes, el sol, la luna y las estrellas.

Todo en la naturaleza tiene un propósito que cumplir. En la creación de Dios no hay errores. Cada criatura y cada objeto que

Dios ha creado es completamente especial. ¿Cómo va a querer matar y destruir alguien que comprende esto?

32. Hijos, ¡pensad en los maravillosos milagros de la naturaleza! Los camellos están bendecidos con una bolsa especial en la que pueden almacenar agua durante sus largas travesías por el desierto. El canguro tiene una cuna incorporada para poder llevar a su bebé dondequiera que vaya. Hasta la criatura aparentemente menos importante, hasta los seres dañinos, todos tienen un papel especial que desempeñar en el mundo. Por ejemplo: las arañas mantienen la población de insectos en equilibrio; las serpientes impiden que las ratas lleguen a ser demasiadas, e incluso el diminuto plancton del mar sirve de comida a las ballenas. Muchas plantas parecen malas hierbas inútiles, pero sirven para hacer medicamentos que curan terribles enfermedades. No conocemos la finalidad de todas las cosas. La Madre Naturaleza es un misterio para nosotros. Sin naturaleza, ninguna criatura, ningún ser humano, nada podría vivir. Por eso, nuestro deber es cuidar con amor todas las cosas vivas.

33. Las plantas y los árboles también tienen sentimientos. Incluso pueden tener miedo. Cuando alguien se acerca a un árbol con un hacha, el árbol tiene tanto miedo que tiembla. No lo podéis ver; pero, si tenéis un corazón compasivo, lo sentiréis.

34. La experiencia es la maestra de cada persona. El sufrimiento, hijos míos, es el maestro que os acerca a Dios.

35. Buscad lo bueno en todos. Sed como la abeja, que dondequiera que va sólo recoge miel.

36. Cuando nos fijamos en los defectos de los demás nos debilitamos mentalmente; pero cuando elegimos ver la bondad en todos, ascendemos a un nivel más elevado. Cuando decimos

que alguien, quienquiera que sea, es malo, ya nos hemos vuelto malos nosotros. Puede que el noventa y nueve por ciento de una persona sea defectuoso; sin embargo, debemos ver el uno por ciento de bondad que hay en ella. Entonces, nosotros mismos nos volveremos buenos. Al fijarnos en el lado negativo de una persona, nos estamos rebajando a nosotros mismos. Siempre debemos rezar: "Oh, Dios, haz que mis ojos sólo vean lo bueno en todos. Dame fuerza para servir al mundo desinteresadamente". Sólo mediante esta actitud de entrega podemos experimentar la verdadera paz mental. Por eso, poco a poco, debemos intentar convertirnos en buenos servidores de Dios.

37. Imaginad que nos caemos a un agujero. ¿Nos enfadamos con nuestros ojos y nos los sacamos porque no nos han guiado bien? No, por supuesto que no. Y, exactamente igual que soportamos con paciencia los errores cometidos por nuestros ojos, debemos tener paciencia con los demás si se equivocan y cometen errores, y siempre debemos ser bondadosos con ellos.

38. Hasta cuando alguien está cortando un árbol, este le da sombra. Así es como tiene que ser una persona espiritual. En realidad, sólo se puede llamar una persona espiritual a quien reza por el bien de los demás, incluso de los que le hacen sufrir.

39. Si una persona hace cien cosas buenas y comete un solo error, la gente lo despreciará y lo rechazará. Pero si una persona comete cien errores y hace una sola cosa buena, Dios lo amará y lo aceptará. Por eso es por lo que debéis estar apegados sólo a Dios. Dedicadle todo a Él.

40. Sólo hay un Dios. La leche tiene distintos nombres en diferentes idiomas. Un hombre de Kerala la llama "paal". Un inglés la llama "milk". Los que hablan otros idiomas tienen otros nombres para la leche. Independientemente del nombre, el color y

el sabor son los mismos. Los cristianos llaman a Dios Cristo; los musulmanes lo llaman Alá; los hinduistas pueden llamarlo Shiva, Krishna o la Madre Divina. Es el mismo Dios. Cada persona entiende a Dios y lo adora según su propia cultura.

41. Hasta los niños pequeños pueden beneficiarse practicando meditación. Su intelecto se volverá brillante y desarrollarán una capacidad de memoria extraordinaria. Esto les ayudará mucho en sus estudios.

42. Meditar y hacer prácticas espirituales no significa sólo sentarse en la postura de loto con los ojos cerrados. También significa servir desinteresadamente a los que sufren, consolar a los afligidos, sonreírle a alguien y decir unas pocas palabras afectuosas.

43. A menudo, a la gente no le importa si los demás están atravesando un momento difícil. Su actitud es la de: "Que sufran otros, mientras no sea yo". Cambiemos esta actitud. Deseemos con sinceridad que nadie tenga que sufrir en este mundo. No pensemos: "¿Por qué yo?" sino: "¿Por qué tiene que sufrir alguien?" Aprendamos a poner a los demás antes que nosotros.

44. La humildad es la señal del verdadero conocimiento.

45. Todos nosotros somos formas distintas del único Yo, como las mismas clases de caramelos envueltos en papeles de distintos colores. El caramelo envuelto en papel verde puede decirle al que está envuelto en papel rojo: "Soy distinto de ti". Y el caramelo envuelto en rojo le puede decir al de papel azul: "Tú y yo somos diferentes". Pero cuando quitamos los envoltorios todos los caramelos son exactamente iguales. Del mismo modo, no hay verdadera diferencia entre las personas. Seamos ricos o pobres, negros o blancos, guapos o feos, sanos o enfermos, en nuestro interior todos somos iguales. Sin embargo, lo olvidamos y nos dejamos

engañar por lo que vemos en el exterior. Por esta ilusión es por lo que estamos creando problemas en el mundo actual.

46. La Madre tiene un profundo deseo: que todos sus hijos lleguen a ser tan puros que trasmitan luz y amor a todos los que encuentren. Lo que este mundo necesita hoy en día son ejemplos vivos, no predicadores.

47. Hijos, recordad siempre que vuestra verdadera familia es la familia mundial, la familia de la humanidad. Si os herís la mano izquierda, la mano derecha acudirá en su ayuda. Esto ocurre porque las dos manos son parte de vuestro propio cuerpo; sentís que sois uno con ellas. Con el mismo espíritu de unidad debemos amar y servir a todos nuestros hermanos y hermanas de este mundo. Debemos perdonarles sus defectos, e incluso debemos estar dispuestos a sufrir por ellos. Esa es la verdadera esencia de la espiritualidad.

48. Hijos, en vez de señalar a otros y criticarlos, intentad corregiros a vosotros mismos primero.

49. Hay amor y Amor. Vosotros amáis a vuestra familia, pero no amáis al vecino. Amáis a vuestro padre y vuestra madre, pero no amáis a todos igual que a vuestros padres. Amáis vuestra religión, pero no amáis todas las religiones; hasta puede que no os guste la gente que profesa otra fe. Amáis a vuestro país, pero no amáis a todos los países. Eso no es verdadero Amor; es sólo un amor limitado. Transformar este amor limitado en Amor Divino es el objetivo de la espiritualidad. En la plenitud del Amor florece la bella y fragante flor de la compasión.

50. Si dais un paso hacia Dios, experimentaréis que Dios da cien pasos hacia vosotros.

Om Amriteshwaryai Namaha

www.ingramcontent.com/pod-product-compliance
Lightning Source LLC
Chambersburg PA
CBHW070614050426
42450CB00011B/3059